SIMONE DE BEAUVOIR

L'AUTRE EN MIROIR

Françoise RÉTIF

SIMONE DE BEAUVOIR

L'AUTRE EN MIROIR

Éditions L'Harmattan
5-7, rue de l'École-Polytechnique
75005 Paris

L'Harmattan Inc.
55, rue Saint-Jacques
Montréal (Qc) – CANADA H2Y 1K9

Collection *Bibliothèque du féminisme*
dirigée par Oristelle Bonis,
Dominique Fougeyrollas, Hélène Rouch
publié avec le soutien de l'Association nationale des études féministes (ANEF)

La collection *Bibliothèque du féminisme* veut rendre compte de l'une des grandes spécificités des études féministes : l'interdisciplinarité. Elle publie des travaux qui portent un regard critique sur la relation entre différence biologique et inégalité sociale des sexes, des recherches qui constituent un instrument irremplaçable de connaissance de la société. Elle contribue ainsi à un débat où *démarche politique et démarche scientifique* vont de pair pour définir de nouveaux supports de réflexion et d'action.

L'orientation de la collection se fait selon trois axes : la *réédition* de textes qui ont inspiré la réflexion féministe et le redéploiement actuel des sciences sociales ; la publication de *recherches*, essais, thèses, textes de séminaires, qui témoignent du renouvellement des problématiques ; la *traduction* d'ouvrages qui manifestent la vitalité des recherches féministes à l'étranger.

Déjà parus

Lieve SPASS, *Lettres de Catherine de Saint-Pierre à son frère Bernardin*, 1996.
Claude ZAIDMAN, *La mixité à l'école primaire*, 1996.
Jacqueline HEINEN, Alisa del RE (dir.), *Quelle citoyenneté pour les Femmes*, 1996.
Annick HOUEL, *Le roman d'amour et sa lectrice*, 1997.
Françoise GASPARD, *Les Femmes dans la prise de décision en France et en Europe*, 1997.
Danielle ROSTER, *Les Femmes et la création musicale*, 1998.
Paola TABET, *La construction sociale de l'inégalité des sexes*, 1998.
Catherine RODGERS, *Le deuxième sexe de Simone de Beauvoir*, 1998.

A Tristan et Philippe

Les références à l'œuvre et les numéros de page renvoient
aux éditions suivantes :

L'Invitée, Paris, Gallimard, 1943, collection Folio,
n° 768, tirage de 1982.
Le Sang des autres, Paris, Gallimard, 1945, collection Folio,
n° 363, tirage de 1981.
Tous les hommes sont mortels, (abrégé TLHSM), Paris,
Gallimard, 1946, collection Folio, n° 533, tirage de 1974.
Les Mandarins, Paris, Gallimard, 1954, collection Folio,
n° 769-770, tirage de 1982.
Les Belles Images, (abrégé LBI), Paris, Gallimard, 1966,
collection Folio, n° 243, tirage de 1982.
La Femme rompue, (abrégé LFR), Paris, Gallimard, 1967,
collection Folio, n° 960, tirage de 1982.

Mémoires d'une jeune fille rangée, (abrégé MJFR), Paris,
Gallimard, 1958, collection Folio, n° 786, tirage de 1978.
La Force de l'âge, (abrégé FDA), Paris, Gallimard, 1960,
collection Folio, n° 751-752, tirage de 1981.
La Force des choses, (abrégé FDC), Paris, Gallimard, 1963.
Tout compte fait, (abrégé TCF), Paris, Gallimard, 1972.

Une Mort très douce, Paris, Gallimard, 1964, collection Folio,
n° 137, tirage de 1983.

Pyrrhus et Cinéas (abrégé P et C), in: *Pour une morale de
l'ambiguïté* (abrégé PMA), Paris, Gallimard, 1947, collection
Idées Gallimard n°21, tirage de 1974.

Le Deuxième Sexe, Paris, Gallimard, 1949, édition renouvelée
en 1976.

A Tristan et Philippe

Les références à l'œuvre et les numéros de page renvoient
aux éditions suivantes :

L'Invitée, Paris, Gallimard, 1943, collection Folio,
n° 768, tirage de 1982.
Le Sang des autres, Paris, Gallimard, 1945, collection Folio,
n° 363, tirage de 1981.
Tous les hommes sont mortels, (abrégé TLHSM), Paris,
Gallimard, 1946, collection Folio, n° 533, tirage de 1974.
Les Mandarins, Paris, Gallimard, 1954, collection Folio,
n° 769-770, tirage de 1982.
Les Belles Images, (abrégé LBI), Paris, Gallimard, 1966,
collection Folio, n° 243, tirage de 1982.
La Femme rompue, (abrégé LFR), Paris, Gallimard, 1967,
collection Folio, n° 960, tirage de 1982.

Mémoires d'une jeune fille rangée, (abrégé MJFR), Paris,
Gallimard, 1958, collection Folio, n° 786, tirage de 1978.
La Force de l'âge, (abrégé FDA), Paris, Gallimard, 1960,
collection Folio, n° 751-752, tirage de 1981.
La Force des choses, (abrégé FDC), Paris, Gallimard, 1963.
Tout compte fait, (abrégé TCF), Paris, Gallimard, 1972.

Une Mort très douce, Paris, Gallimard, 1964, collection Folio,
n° 137, tirage de 1983.

Pyrrhus et Cinéas (abrégé P et C), in: *Pour une morale de
l'ambiguïté* (abrégé PMA), Paris, Gallimard, 1947, collection
Idées Gallimard n°21, tirage de 1974.

Le Deuxième Sexe, Paris, Gallimard, 1949, édition renouvelée
en 1976.

"(...) il demeurera toujours entre l'homme et la femme certaines différences (...) ceux qui parlent tant "d'égalité dans la différence" auraient mauvaise grâce à ne pas m'accorder qu'il puisse exister des différences dans l'égalité (...) Affranchir la femme, c'est refuser de l'enfermer dans les rapports qu'elle soutient avec l'homme, mais non les nier; qu'elle se pose pour soi elle n'en continuera pas moins à exister aussi pour lui : se reconnaissant mutuellement comme sujet chacun demeurera cependant pour l'autre un autre; la réciprocité de leurs relations ne supprimera pas les miracles qu'engendre la division des êtres humains en deux catégories séparées : le désir, la possession, l'amour, le rêve, l'aventure; et les mots qui nous émeuvent, donner, conquérir, s'unir, garderont leur sens; c'est au contraire quand sera aboli l'esclavage d'une moitié de l'humanité et tout le système d'hypocrisie qu'il implique que la "section" de l'humanité révèlera son authentique signification et que le couple humain trouvera sa vraie figure."

Le Deuxième Sexe, 1949.

Introduction

> Son image jaillit soudain au fond du miroir. Elle
> lui fit face : "Non, répéta-t-elle. Je ne suis pas
> cette femme."
> C'était une longue histoire. Elle fixa l'image. Il
> y avait longtemps qu'on essayait de la lui ravir.
> Austère et pure comme un glaçon. Dévouée,
> dédaignée, butée dans les morales creuses...
>
> *L'Invitée*, 1943.

Les écrivains sont souvent défigurés. De leur vivant et
parfois même encore après leur mort. Simone de Beauvoir le fut
plus qu'une autre.[1]

Il semble que beaucoup de monde, et même certaines
féministes, préfèrent la réduire au silence. Dérangerait-elle
encore trop?

Sans aucun doute. Car relire Simone de Beauvoir
actuellement, c'est se rendre compte qu'on l'a par trop méconnue,
trop vite classée dans une catégorie ou dans l'autre : féministe,
existentialiste, sartrienne, "culturaliste", "assimilatrice", et même
"naturaliste", etc.! De combien d'étiquettes ne l'a-t-on pas
affublée! Elle en a souffert toute sa vie : à l'image de la femme
sévère, austère, "rigide comme une consigne", de "la
gouvernante à la main de fer"[2], de l'institutrice, de "la
surveillante générale administr(ant) une école régimentaire"[3], on

---

1. En France, le dixième anniversaire de sa mort a donné lieu à un
unique colloque à la Sorbonne. Un colloque pour le 50ᵉ anniversaire de la
parution du *Deuxième Sexe* se tiendra en janvier 1999 et un numéro spécial
des *Temps Modernes* consacré à Simone de Beauvoir est en préparation.

2. Mona Ozouf, "La plume de ma tante", *Le Nouvel Observateur*, 22 au
28 février 1990, p.69 et suivantes.

3. Mona Ozouf, *Les Mots des femmes*, Fayard, 1995, p. 316.

superposa bientôt un autre cliché, celui de la femme excentrique, dissolue, qui exhibe son vagin, selon le mot de Mauriac. Parfois même on n'hésita pas à "concilier les deux portraits"[4]! Aujourd'hui encore, on se plaît toujours autant à stigmatiser la femme : un livre récent ne conclut-il pas le chapitre qui lui est consacré par la remarque selon laquelle "la femme ne fut pas exactement aimable"[5]? Est-ce là une question véritablement essentielle? Et est-ce à cette aune-là que l'on juge les hommes écrivains?

Si l'image de Beauvoir, plus qu'une autre, est déformée, c'est probablement en premier lieu parce qu'elle fut une femme. Certes, depuis l'époque où elle commença à écrire, les choses ont évolué, ne serait-ce que parce que les femmes écrivains sont plus nombreuses. Il n'en reste pas moins que l'accaparement de la littérature, de la philosophie, et de leur outil, la langue, — sans parler des affaires publiques, de la politique — par les hommes a une longue histoire, et si tout écrivain doit lutter pour affirmer sa différence, on est en droit de se demander si une femme — ou bien, disons, certaines femmes — ne doivent pas, de plus, combattre des valeurs, des catégories, des mythes, etc., qui, pour apparaître comme simplement humains, ne portent cependant l'empreinte que d'un seul sexe, et contribuent fortement de ce fait à masquer ou à déprécier l'émergence d'une autre différence. "D'où vient que ce monde a toujours appartenu aux hommes et que seulement aujourd'hui les choses commencent à changer?"[6], se demandait Beauvoir dans *Le Deuxième Sexe*, en 1949. La question est encore d'actualité, quoi qu'on en dise.

Mais Beauvoir ne dérange pas seulement parce qu'elle osa poser cette question. Ce serait trop simple. Elle dérange avant tout parce qu'elle occupe une place difficile, ambiguë, à l'articulation de la tradition et de l'avenir : elle ne rejette pas le

---

4. *La Force des choses*, Paris, Gallimard, NRF, 1963, p. 677.
5. Mona Ozouf, ibid., p. 322.
6. *Le Deuxième Sexe*, Paris, Gallimard, NRF, 1949, tome 1, p. 22.

monde des hommes; elle veut qu'il devienne également celui des
femmes, en cessant d'occulter, de déprécier, de renier toute une
moitié de lui-même. Toute l'œuvre de Beauvoir plaide pour
l'avènement d'un *monde androgyne*. C'est en cela que cette
œuvre — et le féminisme moderne tel qu'elle l'inaugure — est
plus que jamais actuelle.

Encore faut-il se donner la peine de la lire, de la lire toute
entière. Il est grand temps de se préoccuper moins de la femme
que de l'œuvre, ou tout au moins de la femme *sans oublier*
qu'elle fut écrivain. C'est l'œuvre qu'il faut interroger, c'est à
partir de l'œuvre qu'on peut essayer de comprendre la femme, et
non l'inverse. "Une femme écrivain, écrivait-elle dans *La Force
des choses*, c'est-à-dire en 1963, ce n'est pas une femme
d'intérieur qui écrit, mais quelqu'un dont toute l'existence est
commandée par l'écriture"[7]. Il semblait nécessaire, à l'époque, de
souligner que la femme écrivain n'était pas une dilettante.
Aujourd'hui, alors que plus personne ne conteste le
professionnalisme des femmes écrivains, on se demandera plutôt
si le rapport que cette femme entretint à son œuvre ne la situe
pas en-dehors d'une certaine orthodoxie de la pratique littéraire
et philosophique.

Depuis sa mort, en 1986, nous avons affaire à une œuvre
achevée. Ce n'est pas un hasard si Beauvoir a publié son
autobiographie, et non ses lettres. Elle aurait eu tout loisir de le
faire. De toute évidence, et même si les *Lettres à Nelson Algren*
sont d'une tout autre qualité que les *Lettres à Sartre*, elle ne fut
pas une épistolière. Toute femme écrivain n'est pas
nécessairement une épistolière, et il m'apparaitrait fallacieux,
dans une œuvre critique, "d'interroger les Mémoires de
préférence aux romans et les correspondances de préférence aux
Mémoires"[8], sous le prétexte non avoué que les lettres en
premier lieu, et tout genre autobiographique en général, sont

---

7. *La Force des choses*, op. cit., p. 677.
8. Mona Ozouf, *Les Mots des femmes*, op. cit., p. 15

considérés comme les genres "féminins" par excellence. L'œuvre
est achevée, et elle est multiple : fiction, essais, autobiographie.
C'est de l'œuvre dans son ensemble qu'il faut désormais tenir
compte, de l'œuvre telle que Beauvoir l'a construite pendant sa
longue carrière. Ce qui paraît à titre posthume ne peut avoir
exactement le même statut. D'ailleurs rien n'y est donné à lire qui
ne puisse être découvert dans l'œuvre. Rendons-lui donc cet
hommage de commencer par analyser l'œuvre telle qu'elle l'a
voulue et créée!

Dire qu'il ne faut pas oublier que cette femme fut écrivain, ne
signifie pas qu'il faille à l'inverse ne pas considérer qu'elle fut
femme; elle fut *l'un et l'autre*, ou plus exactement *l'une et
l'autre*. C'est justement ce rapport dialectique qui est intéressant
et doit être interrogé. Elle ne se contenta pas d'être romancière,
essayiste, philosophe, mais affirma également son identité de
femme, de féministe, d'intellectuelle engagée. L'ambition est
grande; Simone de Beauvoir veut tout embrasser. Par-delà la
diversité des moyens mis en œuvre cependant, le projet,
immense, est *un* : guidé, commandé par une idée-phare, une
intention, essentielle, voire une obsession. Un questionnement
fondamental, une quête absolument nécessaire et lancinante.
Cette quête de toute une vie, de toute une œuvre, je l'ai appelée
L'autre en miroir.

Que faut-il entendre par là? L'autre, c'est par définition ce qui
se différencie du même. *L'autre en miroir*, nous le verrons, c'est
la représentation que se fait Beauvoir de l'autre dans ce qui le
lie, le renvoie au même, l'autre à la fois présent *et* distant,
identique *et* différent, l'autre qu'elle désire rejoindre, mais qui
doit rester *autre* pour qu'elle soit sans cesse projetée hors d'elle-
même dans et par un mouvement de désir, la liberté, écrit-elle,
"qu'il me faut en face de moi (...) pour que mon existence
devienne fondée et nécessaire"[9], mais "qui m'échappe"[10] à peine

---

9. *Pyrrhus et Cinéas*, in : *Pour une morale de l'ambiguïté*, Gallimard,
coll. Idées, p. 343 et 339.

l'ai-je faite mienne. L'autre différent et distant mais engagé dans cette relation qui le lie au même, c'est donc pour Beauvoir ce qui permet au même d'accéder à une existence vraie, entière, à la plénitude — à la véritable identité, à l'être total, au Tout. L'autre est à la fois en soi et hors de soi. Le même ne se suffit pas à lui-même. Il ne cherche pas à se reproduire, tel qu'en lui-même, de Père en Fils. Il ne jette pas l'anathème sur l'autre. L'autre ne sera pas mis à mort, ni même assujetti, ou relégué à une position subalterne, terme couché au pied d'une quelconque sainte trinité. L'autre ne doit pas non plus se perdre dans un rapport de fusion avec le même. *L'autre en miroir* tel que Beauvoir le conçoit au niveau philosophique, tel qu'elle le structure au niveau métaphorique dans son œuvre de fiction, est *une relation nouvelle* à inventer, à partir du refus fondamental et obstiné de reproduire, même en l'inversant, le schéma dominant où l'un se constitue au détriment de l'autre, d'entrer dans la logique de l'exclusion, où "l'autre n'est là que pour être réapproprié, repris, détruit en tant qu'autre"[11]. L'autre, reconnu comme autre et comme sujet, est placé au coeur de la quête existentielle.

Il n'y a pas chez Beauvoir, contrairement à ce qu'affirme l'universitaire américaine Noami Schor[12], de ralliement inconditionnel à la thèse existentialiste de "la lutte à mort contre l'Autre". A y regarder de près, les choses sont beaucoup plus compliquées. Le présent essai s'inscrit dans la lignée des textes qui, comme ceux de Françoise d'Eaubonne et de Michèle Le Dœuff[13], commencent de montrer que l'on ne peut assimiler la pensée de Beauvoir à celle de Sartre et qu'il existe entre elles des

10. Ibid., p. 246.
11. C. Clément, H. Cixous, *La jeune née*, UGE, 1975, Coll. 10/18, 130.
12. Naomi Schor, "Cet essentialisme qui n'(en) est pas un : Irigaray à bras le corps", *Futur Antérieur*, Supplément, "Féminismes au présent", 1993, p 93.
13. Cf. Françoise d'Eaubonne, *Le Complexe de Diane*, Paris, Julliard, 1951 et *Une Femme nommée Castor, mon amie Simone de Beauvoir*, Paris, Encre, 1986, ainsi que Michèle Le Dœuff, *L'Etude et le rouet*, Paris, Ed. du Seuil, 1989.

différences fondamentales et capitales. Nous verrons en effet que Simone de Beauvoir, tout au long de son œuvre, cherche, déjà en son temps, même si ce n'est pas sans quelques tâtonnements, tergiversations ni errements — progressant comme tout grand inventeur/inventrice, assidûment, opiniâtrement, mais sans connaître exactement son but — à aborder *une autre pensée de l'autre*, qui requiert "la visibilité du deux sans renoncer au Un (...) (et) dit l'Un dans le deux et le deux dans l'Un"[14], sans que, soulignons-le, dans l'Un, ne se dissolve les oppositions (sexuelles en particulier). Simone de Beauvoir amorce en quelque sorte une révolution copernicienne de la pensée contemporaine en sonnant le glas d'un monde "homocentrique" gravitant autour de l'Un, du Toujours-Même, qu'elle invite résolument à étendre son orbite jusqu'à une autre planète, pour rayonner enfin dans l'Entre-l'Un(e)-et-l'Autre, pour que la lumière enfin, dans un jeu de regards, de miroirs, puisse passer d'une planète à l'autre. L'Un alors, pour reprendre le célèbre titre d'Elisabeth Badinter[15], n'*est* pas exactement l'Autre, mais plutôt *l'autre dans le miroir*.

Je le disais, il faut considérer *toute* l'œuvre pour découvrir cette Beauvoir-là; les études féministes ont trop souvent tendance à ne s'arrêter qu'à une œuvre, *Le Deuxième Sexe*, qui, bien que ce soit une œuvre importante ayant, plus que tout autre, fait époque, est loin cependant de résumer à elle seule la diversité, la complexité de la pensée de Beauvoir, ne serait-ce que parce que celle-ci, et chaque œuvre en particulier, doit toujours être replacée au sein d'un *mouvement dialectique*. "Mes essais", écrit Beauvoir dans *La Force des choses*[16], "reflètent mes options pratiques et mes certitudes intellectuelles; mes romans, l'étonnement où me jette, en gros et dans ses détails,

---

14. Françoise Collin, "Actualité de la parité", *Projets féministes*, n°4-5, février 1996, p. 99.
15. Cf. Elisabeth Badinter, *L'un est l'autre*, Ed. Odile Jacob, 1986.
16. *La Force des choses*, op. cit., p. 342.

notre condition humaine. Ils correspondent à deux ordres
d'expérience qu'on ne saurait communiquer de la même manière.
Les unes et les autres ont pour moi autant d'importance et
d'authenticité, je ne me reconnais pas moins dans *Le Deuxième
Sexe* que dans *Les Mandarins*; et inversement. Si je me suis
exprimée sur deux registres, c'est que cette diversité m'était
nécessaire." Qu'on lui accorde donc la faveur de considérer son
corp-u-s tout entier! La pensée de Beauvoir ne peut être
approchée qu'en étudiant *tous* les moyens qui sont mis en œuvre
pour la développer et tenter de la cerner, et qu'en prenant, en
outre, la peine de tenir compte de la démarche méthodologique
de l'auteur; quand par exemple certains commentaires du
Deuxième Sexe stigmatisent — et avec quelle violence! — la
description que Beauvoir donne du corps féminin ou de la
sexualité féminine[17], qui dénigrerait, soi-disant, la féminité,
comment peut être négligé le fait que le propos de l'auteur est de
décrire la "formation" ou les "situations" (selon les intitulés des
parties) que recoivent les jeunes filles ou dans lesquelles se
trouvent les femmes, et non de dresser le tableau de la façon
dont elles *devraient* être vécues? On ne peut que déplorer toutes
les approximations et les simplifications, dues probablement aux
fortes passions que suscite le texte. Trop rares encore sont les
commentaires qui, à l'instar de l'excellent article de Sonia
Kruks[18], tiennent compte de la complexité de la pensée
beauvoirienne et de ce qui est nommé son "réalisme dialectique"
ou encore sa "subjectivité genrée"(sic), dont l'objectif est de
prendre en considération "d'une part, l'existence des paramètres
objectifs de la vie humaine, tels que le sexe, la naissance, la

---

17.Cf. par exemple, parmi les plus récents, Noami Schor, op. cit., ou
Sylvie Chaperon qui parle du "déni du corps" qui serait celui de Beauvoir
("La deuxième Simone de Beauvoir", *Les Temps Modernes*, "Questions
actuelles au féminisme", n° 593, avril-mai 1997, p. 135).
18.Cf. Sonia Kruks, "Genre et subjectivité : Simone de Beauvoir et le
féminisme contemporain", *Nouvelles Questions féministes*, 1993, vol. 14,
n° 1, pp. 5 à 21.

maladie, la vieillesse et la mort et, de l'autre, la potentialité
toujours présente d'une marge de pensée et d'action autonomes
en situation que Simone de Beauvoir appelle *liberté*".

Il ne s'agit pas bien sûr, en quelques dizaines de pages, de
prétendre tout dire sur Beauvoir et son œuvre, mais de tracer le
cheminement d'*une* lecture possible, qui a pour principal souci
de ne pas falsifier, diminuer ou encore mutiler la pensée ni le
projet. Ce n'est pas en effet un hasard si Beauvoir écrivit un
essai qui a pour titre *Pour une morale de l'ambiguïté*. Elle fut
elle-même, au-delà des apparences et de l'image dans laquelle on
la fossilisa, l'incarnation même de l'ambiguïté et de
l'ambivalence — au sens positif, philosophique, qu'elle donne à
ces mots comme expression de la complémentarité *et* de
l'irréductibilité des contraires. Sa force, son élan vital, son élan
créateur, elle les tenait de la confrontation, du face-à-face
permanents des contraires en elle, de "la tension dialogique qui
maintient en permanence la complémentarité et l'antagonisme"[19].
Ce n'est, j'y reviendrai, que lorsque cette confrontation et ce
face-à-face n'étaient plus possibles, que lorsqu'un mur s'élevait
entre l'un et l'autre, entre l'un et le regard de l'autre, entre l'un et
l'autre en miroir, que s'ouvrait devant elle la béance de la mort.

Cette ambivalence, ces contradictions, cette recherche d'une
progression au sein d'un mouvement dialectique, elles sont
partout à l'œuvre dans ses écrits. On commence à le percevoir[20].
Mais il ne suffit pas de l'interpréter comme "une oscillation entre
aliénation et libération"[21] ni de parler, ce qui peut être par
ailleurs exact dans certains cas, de "rupture épistémologique
inachevée" dans sa pensée. L'ambiguïté est revendiquée, elle est
revendiquée, on le verra en détail, dans l'œuvre philosophique, et
elle est structurée, au niveau métaphorique, dans l'œuvre de
fiction. Le mythe de l'androgyne en effet, tel qu'il apparaît

19. Edgar Morin, *Amour, poésie, sagesse*, Ed. du Seuil, 1997, p. 12.
20. Cf. l'article de Sylvie Chaperon, "La deuxième Simone de Beauvoir",
op. cit.
21. Ibid., p. 134 et 138.

réécrit et réinventé au coeur de son œuvre, ne doit pas être interprété uniquement comme la simple sublimation d'une bisexualité, dont on se doutait, remarquons-le en passant, avant la publication des *Lettres*. D'ailleurs Simone de Beauvoir fut sans doute plus passionnément hétérosexuelle qu'homosexuelle. Le mythe tel qu'il apparaît chez elle est avant tout l'expression d'une quête fondamentale, non seulement existentielle, mais également *éthique et politique* : il manifeste la tentative, la volonté, ainsi que la difficulté, pour une femme du XXe siècle, et pour une femme écrivain peut-être encore plus que pour toute autre, "de recevoir et de rompre à la fois", selon la belle formule de Françoise Collin[22], le fil de l'héritage culturel et social, pressentant que tout renouvellement sociétal réel et profond doit passer, ne peut que passer, par la redéfinition du rapport à l'autre.

Ainsi, après avoir été dénoncé comme promesse trompeuse pour jeunes filles rangées — cette chambre obscure et maudite où depuis l'aube d'une civilisation elles sont reléguées, enfermées — l'amour, dépassant largement le domaine du psychologique, peut retrouver ses lettres de noblesse et investir le champ du politique[23], au sens étymologique du terme. Cela ne signifie en aucune façon que l'amour doive être édulcoré et dépouillé de sa dimension sexuelle. Au contraire, l'androgyne, tel qu'il renaît sous la plume de Simone de Beauvoir, loin d'être l'incarnation du neutre, retrouve toute la vigueur de sa sexualité primitive. L'androgyne n'est pas un ange!

---

22. Cf. Françoise Collin, "Un héritage sans testament", *Les Cahiers du Grif*, n°34, 1986, repris dans : *La Société des femmes*, Ed. Complexe, 1992 p. 112.

23. Cette relation entre amour et politique est abordée par Edgar Morin, dans : *Introduction à une politique de l'homme*, 1965, et plus récemment dans : *Amour, poésie, sagesse*, op. cit. C'est, par ailleurs, sans aucun doute dans son lien au politique que Platon envisage l'amour dans le célèbre essai *Le Banquet*.

Un livre récent[24] s'étonne que Beauvoir ne fut pas exactement l'idéal de la femme "libérée", telle que toute une génération a pu en créer le mythe, vivant comme les hommes, avec les mêmes sentiments que l'homme, sur un pied de parfaite égalité, rompant en tout point avec le destin traditionnel de la femme. C'est là méconnaître l'importance et la valeur accordées au désir, à la spontanéité, à l'amour dans son œuvre, car si, dès ses premiers écrits (*L'Invitée*, *Le Sang des autres*, et *Le Deuxième Sexe*), Simone de Beauvoir ne cesse de montrer ce qui différencie les femmes des hommes dans leur rapport au monde et aux sentiments, et que les mots, en particulier "le mot 'amour' n'(ont) pas du tout le même sens pour l'un et l'autre sexe et (que) c'est là une source de graves malentendus qui les séparent"[25], ce n'est pas dans le but de renoncer à sa spécificité de femme et d'adopter la manière masculine d'être et d'aimer (ou de ne pas savoir aimer), qu'elle ne cesse de dénoncer. C'est justement parce qu'elle sut s'entêter dans ses sentiments, dans ses passions, tout en luttant opiniâtrement pour rapprocher les situations dans lesquelles vivent les hommes et les femmes et en travaillant à ce que les mots, comme les êtres, puissent enfin *se rencontrer*, c'est parce qu'elle sut maintenir la spécificité de sa manière de vivre et de sentir, et ne pas renoncer à ses priorités, malgré les difficultés, malgré la souffrance, malgré les risques encourus, et en particulier celui d'être critiquée[26] pour les rapports qu'elle entretint, malgré tout et en connaissance de cause, avec les hommes — c'est pour cela qu'elle put développer *une pensée autre* du rapport à l'autre et de l'amour. Elle voulut l'égalité, sans aucun doute, mais *sans renoncer* à l'amour. C'est là que résident toute la difficulté, le tragique et la beauté de son entreprise.

---

24. Cf. Toril Moi, *Simone de Beauvoir*, Diderot Editeur, 1995, 498 p.
25. *Le Deuxième Sexe*, op. cit., tome 2, p. 477.
26. En particulier dans les monographies américaines. Est-ce un hasard?

L'amour est au centre de sa vie. Mais elle en fait une *force* : le *moteur* de tout dépassement, de toute transgression, de toute création. Car l'amour, pour elle, n'est pas uniquement une question politique. Quand l'autre est dans le champ d'un miroir, l'amour est également une *poétique*. L'œuvre ne fait pas que thématiser la quête de l'autre; elle est le lieu où cette quête se déroule, le lieu qui n'a pas d'autre raison d'être que cette quête. Le moi, le même, ne s'y regarde pas, ne s'y contemple pas, ne veut pas s'y retrouver : il s'y cherche. De façon remarquable, qu'elle raconte au passé ou au présent, qu'elle affabule ou qu'elle disserte, Beauvoir est fondamentalement tournée vers le futur, guidée par le seul objectif essentiel : *la projection du moi présent vers l'autre à venir qui ne sera jamais totalement rejoint*. Même l'autobiographie n'est pas chez elle, contrairement à ce qu'il peut paraître, complaisance narcissique. Vie et œuvre sont conçues comme devant être complémentaires dans la même quête; ce sont deux moyens, deux chemins pour la mener. Bien que de nature différente, elles sont toutes deux concentrées sur une entreprise essentielle : *tracer de la plume le fil invisible que le regard tend entre les contraires*. Elles coïncident, elles convergent parfaitement dans cette *tension* qui leur est commune. L'œuvre n'est pas pour Simone de Beauvoir une finalité en soi, qui viendrait se substituer à la vie, affirmer sa primauté sur la vie, selon la célèbre formule : "la vraie vie, c'est la littérature". Inversement, la vie ne saurait se suffire à elle seule. L'amour des mots, de la littérature, n'existe que dans la mesure où il vient servir la vie, aider à la construire, à l'accomplir. Et la vie n'échappe au néant de la mort que si elle est pérennisée par les mots. Ainsi, la femme écrivain n'est à chercher ni seulement du côté de la vie, ni seulement du côté de la littérature, mais dans la volonté revendiquée d'exister *de part et d'autre* d'une frontière qu'elle a voulue transparente et perméable.

L'autre en miroir, c'est sans aucun doute l'histoire d'une quête. C'est peut-être aussi l'histoire d'un échec. Il arrive que, sous le poids de la réalité, de l'Histoire et du temps[27], le miroir se brise. "L'autre en miroir" bascule du côté de l'utopie. La réalité ou l'Histoire s'interposent entre l'un et l'autre. Le lien se distend, se fragilise; l'image se brouille. Il reste la représentation d'une femme divisée, luttant pour éviter que le fil ne casse, que le regard ne devienne aveugle, que l'image ne s'efface. Quand il n'est plus possible de se reconnaître dans l'autre, la femme doit s'avouer sa spoliation, sa *mutilation*. "Cette part d'échec qu'il y a dans toute existence"[28], cela aussi elle l'a revendiqué. Elle n'a jamais prétendu être une héroïne. La guerre d'Algérie a fortement ébranlé Simone de Beauvoir, ses certitudes, sa vie, son œuvre aussi. Dans le domaine privé, quand l'autre fait défaut, l'œuvre doit jouer son atout maître. Elle peut, elle doit poursuivre avec obstination sa tâche : élaborer le monde tel qu'il devrait être, construire l'utopie que le monde a refusée. Par-delà l'échec, par-delà la mort, il reste la volonté d'une foi, la foi d'une écriture, qui forcent de la plume la porte de l'avenir.

---

27. Voilà encore un facteur trop souvent oublié dans les analyses faites sur Beauvoir : son évolution dans le temps.
28. Cf. Prière d'insérer, in : *Une Femme rompue*.

La quête de l'autre

Dans les études consacrées à Simone de Beauvoir, quelles qu'elles soient, et pas seulement quand elles traitent de Beauvoir philosophe, on est toujours renvoyé — à une exception près, celle de l'œuvre déjà citée de Michèle Le Dœuff, *L'Etude et le rouet* — à l'œuvre, à la pensée et à la personne de Sartre. L'inverse, bien sûr, n'est pas vrai. Beauvoir, sans aucun doute, fut pour quelque chose dans ce phénomène. Mais faut-il en déduire pour cela qu'elle fut une épigone, en tant que philosophe, dépendante, en tant que femme, et inférieure en tant qu'écrivain?

Il sera fait référence à Sartre, ici aussi, mais ce sera cette fois pour montrer combien la pensée de Beauvoir est différente de celle du célèbre philosophe. Si l'on considère l'œuvre de Beauvoir avec quelque attention en effet, on y découvre, non pas une simple acceptation ou illustration de la pensée sartrienne, mais, se développant peu à peu, une vision originale et personnelle, s'opposant radicalement en bien des points à celle de Sartre. Cette pensée radicalement différente s'affirme en particulier, nous le verrons, dans la conception fondamentale de l'autre et du regard de l'autre.

Mais, objectera-t-on, Simone de Beauvoir ne se définissait-elle pas elle-même comme existentialiste, et même plus précisément encore comme sartrienne? Certes, personne n'est un commencement absolu, tout un chacun noue sa réflexion à une pensée déjà constituée; cependant si sa pensée fut différente, pourquoi Beauvoir n'a-t-elle pas pris ses distances par rapport à Sartre et à l'existentialisme? Pourquoi n'a-t-elle eu de cesse d'affirmer que Sartre fut "idéologiquement créateur, (elle)pas"[1], que "les initiatives sont venues de lui, qu'il lui était supérieur et que "c'est en refusant de reconnaître ces supériorités qu'(elle) aurai(t) trahi (s)a liberté; (qu'elle) se serai(t) butée dans l'attitude de challenge et de mauvaise foi qu'engendre la lutte des sexes et qui est le contraire de l'honnêteté intellectuelle"[2] ?

Certains trouveront dans ces propos la confirmation qu'elle s'est contentée d'un rôle relatif. Michèle le Dœuff, de façon bien plus intéressante, dépeint une femme "empêtrée dans les références que le temps impose, ni vraiment flouée ni vraiment rompue, mais piégée, s'obligeant à s'embarrasser d'un cadre doctrinal dont elle n'avait finalement pas grand chose à faire". "L'histoire de la pensée de Simone de Beauvoir serait dès lors celle d'un continuel porte-à-faux entre ce qu'elle cherche proprement à penser et la ligne doctrinale qu'elle reçoit toute faite"[3].

Peut-être Beauvoir fut-elle piégée. Mais pas dans le sens où on l'entend ici. Si elle fut piégée, c'est qu'elle ne mesura pas les résistances d'une société qui ne laisse pas impunément un individu, et d'autant plus lorsqu'il s'agit d'une femme, chercher à inventer d'autres *règles du jeu*. En tout cas, il n'est pas exact de dire qu'elle reçut "toute faite une ligne doctrinale". N'a-t-elle pas discuté les thèses de *L'Etre et le Néant*, n'a-t-elle pas longuement argumenté contre certaines des théories qui y sont exposées, ainsi qu'elle l'affirme dans *La Force de l'âge*[4]? Mais même si elle a participé activement à l'élaboration de cette bible de la pensée sartrienne par le dialogue, comme le reconnaît Annie Cohen-Solal dans sa biographie de Sartre[5], même si elle a donné

---

1. FDC, 674.
2. Ibid.
3. Michèle Le Dœuff, "Simone de Beauvoir : les ambiguïtés d'un ralliement", *Le Magazine littéraire*, n°320, avril 1994, p. 60. Voir également : *L'Etude et le Rouet*, Le Seuil, 1989.
4. *La Force de l'âge*, II, 628.
5. **Annie Cohen-Solal**, *Sartre*, Folio, Essais, p. 393.

à entendre sa différence, il est vrai que Sartre lui présente
finalement un *système* philosophique, "une description totalitaire
de l'existence"[6] dans la lignée de tous ceux qui furent élaborés
par la pensée occidentale, c'est-à-dire un système qui, infirmant
les précédents, prétend détenir à lui seul comme une clef du
monde; un système clos, fermé sur lui-même, et qui ne présente
plus de traces du *dialogue* auquel il a donné lieu, ni de la pensée
dialectique qui s'était élaborée, au cours du dialogue, entre les
deux partenaires du couple de philosophes.

C'est d'une tout autre façon que Beauvoir fera de la
philosophie. Elle ne cherche pas à constituer de système. Sa
pensée est à l'œuvre de façon ponctuelle, elle se noue autour d'un
certain nombre de notions, dans un nombre, d'ailleurs limité,
d'essais plutôt brefs. Rien à voir avec une somme philosophique!
Dans ces essais, elle expose *ses options pratiques*[7]; faire de la
philosophie, c'est pour elle avant tout étudier les implications
directes, concrètes sur la vie d'une pensée. Si elle ne fut pas en
effet "idéologiquement créatr(ice)", c'est que sa pensée se refuse
à se figer dans un système définitif et abstrait, dans le cadre
étroit d'*une* œuvre ou d'*un* genre; c'est dans la somme de toutes
ses œuvres, philosophiques ou non, dans le tissu complexe
qu'elles forment, dans la diversité qu'elles incarnent qu'il faut
chercher cette pensée; c'est là que se constitue finalement "une
espèce de dialectique"[8]. De plus, le texte, chez Simone de
Beauvoir, ne fait pas qu'exprimer la pensée; la pensée *s'y
cherche*. Elle est le résultat d'une *praxis* : elle s'élabore au fil de
la vie et de l'œuvre. Ainsi la différence ne peut-elle être
proclamée et opposée *a priori*. C'est *de l'intérieur* qu'elle va
s'élaborer peu à peu, en donnant en quelque sorte de nouveau à
entendre l'*autre* voix, en cherchant à *rétablir le dialogue* que le
système a banni. La différence, radicale en bien des points, ne se

---

6. FDC, 14.
7. Ibid., 342.
8. FDA, 695.

constitue pas *contre* l'autre mais *en face* de lui; elle doit venir
corriger et non annihiler. C'est donc finalement non seulement
dans son contenu mais aussi dans la forme même qu'elle prend
qu'il faut chercher chez Beauvoir l'autre pensée. Ou pour dire les
choses autrement: la philosophie telle que la pratique Beauvoir
cherche non seulement à théoriser une conception différente de
l'autre: elle la met également en pratique. La pensée, nous le
verrons, s'invente aussi dans une autre manière de se mettre au
monde, dans une autre genèse.

La question cependant reste posée: comment cette autre
vision, si elle est en effet radicalement différente, par maints
aspects, comme je le prétends et le démontrerai, comment peut-
elle choisir de rester et de coexister à l'intérieur du système
dominant, au lieu de prendre, pacifiquement mais publiquement,
ses distances?

En 1955, Simone de Beauvoir écrit un essai, *Merleau-Ponty
ou le pseudo-sartrisme*, dans lequel elle défend âprement la
philosophie de Sartre contre l'interprétation qu'en a faite
Merleau-Ponty. Jamais Beauvoir ne s'est autant identifiée à la
pensée sartrienne. Jamais avec autant de virulence. Et ceci en
1955, c'est-à-dire à une époque où l'on attendrait d'elle plutôt
une certaine prise de distance, qui correspondrait mieux aux
différences qu'elle a exprimées, on le verra, dans les essais
antérieurs à cette date. En 1963, dans *La Force des choses*, c'est
avec la même virulence qu'elle justifie son engagement d'alors:
"On a dit que c'était à Sartre de répondre: rien ne l'y obligeait; en
revanche, n'importe quel sartrien avait le droit de défendre une
philosophie qu'il avait fait sienne"[9]. Les raisons invoquées
également sont les mêmes: Merleau-Ponty a trahi la pensée de
Sartre, la "vérité". Et c'est à des fins politiques qu'il a déformé sa
pensée:

---

9. FDC, 341.

« En juin, dans *Les Aventures de la dialectique*, Merleau-Ponty qu'agaçait l'attitude politique de Sartre reconstruisit sa pensée de la manière la plus fantasque. Lié à l'époque à la *Gauche nouvelle*, il la servait en discréditant *l'ultra-bolchévisme* de Sartre: et il réjouissait ainsi la droite la plus extrême: choisissant avec sûreté une des phrases les plus malheureuses de Merleau-Ponty — où il confond besoin et liberté — Jacques Laurent déclara qu'il avait en ces quelques mots liquidé le sartrisme. Les idées de Sartre étaient déjà assez mal comprises pour qu'il me parût déplorable qu'on les dénaturât encore »[10].

Cela est affirmé avec force: Beauvoir et Sartre sont politiquement dans le même camp. Leurs positions sont menacées; Beauvoir les défend. Elle est aux avant-postes, et veille. Merleau-Ponty a touché là à quelque chose de sacré: au "terreau" commun sur lequel poussent et grandissent les idées et les œuvres du couple. Aux bases mêmes sur lesquelles est édifié "le long jumelage"[11] que fut leur vie, selon Beauvoir. Il peut y avoir, il y a eu, il devait y avoir entre eux des différences, des divergences. Mais il y a également des choix qui, eux, ne peuvent être remis en question : certains choix philosophiques, les choix fondamentaux de l'existentialisme et tout simplement de l'existence: la liberté, la responsabilité de se choisir, le refus de valeurs absolues en dehors des projets que se fixe l'être humain. Certains choix politiques, certains engagements également. Simone de Beauvoir raconte à ce propos dans *La Force des choses* : "Je me rappelle qu'en 40, recevant sa dernière lettre de Brumath, hâtive et un peu obscure, une phrase, à la première lecture, m'effraya : Sartre n'allait-il pas pactiser? Pendant la seconde où cette crainte me traversa, je sentis à mon raidissement, à ma douleur, que si j'échouais à le convaincre, je vivrais désormais contre lui"[12]. Il y a visiblement pour Simone

10. Ibid.
11. Ibid, 672.
12. Ibid., 674.

de Beauvoir des limites qui ne peuvent être franchies, des limites
au-delà desquelles la rupture serait inévitable. Mais en-deçà de
ces limites, les différences sont possibles. Nécessaires même.
En-deçà de ces limites, les oppositions sont complémentaires.
C'est sur cette base dialectique qu'elle bâtit sa *morale de
l'ambiguïté*. C'est à partir de cette conception qui est la sienne
que l'on peut comprendre, que l'on doit appréhender son rapport
ambigu, au sens philosophique du terme, à Sartre. C'est le choix
d'un rapport à l'autre et d'une pensée de l'autre qui cherche et qui
défend la *complémentarité dans la différence*. La pensée de
Beauvoir n'est pas une pensée en porte-à-faux; c'est une pensée
en quête d'une autre "vérité", qui ne serait ni exclusivement d'un
côté ni exclusivement de l'autre, mais dans le *mouvement entre*
des pôles reconnus comme étant *irréductiblement opposés*.
Sartre fut pour cette pensée sans aucun doute un pôle privilégié.

1

La genèse d'une autre pensée ou l'ambiguité d'un ralliement

Simone de Beauvoir raconte dans *La Force de l'âge* comment elle en est arrivée à écrire son premier essai philosophique Pyrrhus et Cinéas :

« J'achevais *Le Sang des autres* quand, au début de 1943, Sartre me présenta au Flore Jean Grenier, dont il avait fait récemment la connaissance et qui projetait de réunir en volumes des essais manifestant les tendances idéologiques de l'époque. Ils causèrent, et Grenier se tourna vers moi : "Et vous, madame, me demanda-t-il, êtes-vous existentialiste?" Je me rappelle encore mon embarras. J'avais lu Kierkegaard; à propos de Heidegger on parlait depuis longtemps de philosophie "existentielle", mais j'ignorais le sens du mot "existentialiste" que venait de lancer Gabriel Marcel. »

Ce n'est pas toutefois dans le mot lui-même que réside la cause principale de son "embarras" :

« Et puis la question de Grenier heurtait ma modestie et mon orgueil : je n'avais pas assez d'importance objective pour mériter une étiquette; quant à mes idées, j'étais convaincue qu'elles reflétaient la vérité et non un parti pris doctrinal. Grenier me proposa de collaborer au recueil dont il s'occupait; d'abord, je refusai; j'ai dit que, touchant à la philosophie, je connaissais mes limites; *L'Etre et le Néant* n'avait pas encore paru, mais j'en avais lu et relu le manuscrit : je ne voyais rien à y ajouter. Grenier insista : je pourrai choisir le sujet qui me plairait.(...) Sur certaines des questions que j'avais abordées dans *Le Sang des autres* il me restait des choses à dire (...) puisqu'on m'offrait l'occasion de traiter sans détour le problème qui me préoccupait, pourquoi ne pas en profiter? Je commençai à écrire *Pyrrhus et*

Cinéas sur lequel je passai trois mois et qui devint un petit livre. »[1]

Ce passage indique bien que le ralliement de Simone de Beauvoir à l'existentialisme et la venue à l'écriture philosophique ne se firent pas sans quelque réticence, sans quelque embarras, même si les raisons de ce trouble ne sont guère formulées clairement : on sent partout l'émergence du non-dit. Quand on lui demande si elle fait partie des existentialistes, elle se dit avoir été subitement partagée entre modestie et orgueil. Elle prend conscience qu'elle n'a pas "d'existence objective" en tant que philosophe, puisqu'elle n'a pas écrit de texte philosophique, et que c'est Sartre le créateur; mais elle pose et oppose simultanément l'existence indépendante de ses idées et se rend compte qu'elle n'est pas prête à laisser enfermer leur pluralité et leur dispersion dans le "parti pris doctrinal" que représente toute pensée érigée en système une fois enrôlée sous une étiquette, quelle qu'elle soit. Ce n'est pas *L'Etre et le Néant* qu'elle fustige donc ici comme "parti pris doctrinal", mais ce que l'on pourrait en faire. Cependant on peut lire également entre les lignes son embarras vis-à-vis de ce système bien clos qu'est l'œuvre de Sartre, qu'elle "a lu(e) et relu(e)" sans y voir "rien à y ajouter", comme si elle avait cherché en vain une faille par où entrer, une place pour ses idées, comme si, malgré son adhésion, le texte, dans sa "clôture" même, lui était resté étranger.

En fait, la question de son ralliement à l'existentialisme l'oblige à en affronter d'autres, bien plus graves encore. D'une part, par-delà le choix personnel de faire ou non œuvre phisosophique, se pose, implicitement, la question de savoir *comment* le faire. En sachant seulement dans un premier temps ce qu'elle se refuse à faire. Ce dont elle prend conscience finalement, c'est donc à la fois de la nécessité et de la difficulté de faire œuvre phisosophique. De son appartenance *et* de sa

---

1. FDA, 626-627.

différence. Apparemment les "possibilités concrètes"[2] qui
s'offrent à elle d'être créatrice en matière de philosophie sont les
mêmes que celles qui sont données à Sartre ou à n'importe quel
autre philosophe. Ce qu'elle découvre cependant tout en
envisageant d'écrire une œuvre, c'est, de façon instinctive et non
réfléchie dans un premier temps, l'inadéquation de tout un
domaine intellectuel, qui "appartient" plus que tout autre "aux
hommes"[3] — depuis les Grecs, on ne dénombre guère de femmes
philosophes![4] —, à la pensée et au désir de création qui sont les
siens. Ce qu'elle nomme ses limites ne serait alors que le
sentiment spontané qu'elle ne peut adapter sa pensée à une mise-
en-forme, à une construction intellectuelle telle que la pratiquent
Sartre et tout un panthéon de "grands phisosophes"
particulièrement enclins, depuis le XIXe siècle, à proposer "une
description totalitaire de l'existence"[5].

Pour Beauvoir, le passage de la fiction à la philosophie n'a
pas pour but de faire entrer l'expérience dans le carcan d'un
système cohérent et rationnel, de la transformer en abstraction,
en une formule qui la résume et la contienne, de remplacer les
questionnements par des réponses. Non seulement la forme, mais
aussi le contenu de ses essais philosophiques, et de *Pyrrhus et
Cinéas* en particulier, considéré d'ailleurs par l'écrivain elle-
même comme le prolongement d'une œuvre de fiction, *Le Sang
des autres*[6], témoignent de la volonté de ne pas tracer de
frontière nette entre les deux registres auxquels elle fait par
ailleurs allusion[7].

---

2. FDA, 628.

3. *Le Deuxième Sexe*, I, 22.

4. Lire à ce propos le livre de Michèle Le Dœuff, *L'Etude et le Rouet*,
op. cit.

5. FDC, 14.

6. Ibid., 6.

7. Ceci ne signifie nullement qu'il faille considérer, comme on n'a que
trop tendance à le faire, que ses romans sont des romans à thèse. On verra,
par exemple, que *L'Invitée* est loin d'être une simple illustration de la pensée
sartrienne.

C'est une anecdote — le dialogue entre Pyrrhus et Cinéas — qui est, dans son premier essai philosophique, à l'origine de la réflexion. Et c'est par une sorte de conte que commence le premier chapitre, *Le Jardin de Candide* ("J'ai connu un enfant qui pleurait"...). Les autres chapitres se succèdent selon un ordonnancement plus associatif que logique. Les anecdotes, les exemples, les références littéraires y sont nombreuses. Les interrogations aussi. Le Je de l'auteur omniprésent. Il s'agit bien plus d'une suite de réflexions que d'un traité de philosophie — c'est un essai, au sens propre du terme. Comme dans la vie, comme dans la fiction, et à l'image du dialogue entre Pyrrhus et Cinéas, les questions sont plus nombreuses que les réponses. En fait, *Pyrrhus et Cinéas* est un hymne à la spontanéité[8] non seulement dans son contenu mais également dans sa forme : on est conquis par la spontanéité de l'écriture de Beauvoir, par son élan, sa liberté, peut-être inégalés, comme si, en face de son embarras, de son désemparement, en face de l'œuvre bien close de Sartre, qu'elle "a lue et relue", il lui fallait faire éclater tous les carcans; comme si elle se livrait à la joie de la liberté qui ne se préoccupe d'aucune forme et se laisse guider uniquement par l'ivresse du questionnement; comme si, telle Pyrrhus et Cinéas, elle se trouvait pour un instant devant l'espace infiniment ouvert du dialogue et espérait qu'il pût "recommence(r) sans fin".

Bien que de grands concepts abstraits, d'ailleurs apparemment sans lien les uns avec les autres, servent à intituler les différents chapitres de la première partie (L'instant, l'infini, Dieu), l'auteur part toujours de considérations, d'exemples, d'anecdotes, de préoccupations très concrètes, proches d'une expérience vécue au quotidien, "contenu matériel", réel, de ces concepts. Quant aux titres de la seconde partie (Les autres, le

---

8. Cf. par exemple : "Où trouverons-nous la vérité de l'homme, si ce n'est en lui? La réflexion ne saurait arrêter l'élan de notre spontanéité.

Mais la réflexion est aussi spontanée. L'homme plante, bâtit, conquiert, il veut, il aime : il y a toujours un "après?". (...) Entre Pyrrhus et Cinéas le dialogue recommence sans fin." P et C, 236.

dévouement, la communication, l'action), il témoignent clairement du fait que la philosophie est avant tout pour Beauvoir un moyen parmi d'autres de rejoindre au plus près la réalité concrète de la vie.

Il s'agit en effet pour elle moins de concevoir ou de compléter une morale que de fournir "un contenu matériel à la morale existentialiste"[9]. C'est ainsi qu'elle ne peut s'en tenir à la définition sartrienne de la liberté. Tout en s'y ralliant, elle défend la position qui est la sienne, et qu'elle avait défendue lors des discussions qui accompagnèrent l'élaboration de *L'Etre et le Néant* : en-deçà ou au-delà de la définition abstraite de la liberté telle que la conçoit Sartre, il faut tenir compte des "possibilités concrètes" offertes à chacun :

« Dans la seconde partie *(de Pyrrhus et Cinéas)* (...) je distinguai deux aspects de la liberté : elle est la modalité même de l'existence qui, bon gré, mal gré, d'une manière ou d'une autre, reprend à son compte tout ce qui lui vient du dehors; ce mouvement intérieur est indivisible, donc total en chacun. En revanche, les possibilités concrètes qui s'ouvrent aux gens sont inégales; certains accèdent seulement à une faible partie de celles dont dispose l'ensemble de l'humanité; leurs efforts ne font que les rapprocher de la plate-forme d'où les plus favorisés prennent le départ : leur transcendance se perd dans la collectivité sous la figure de l'immanence. Dans les situations les plus favorables, le projet est au contraire un véritable dépassement, il construit un avenir neuf; une activité est bonne quand elle vise à construire pour soi et pour autrui ces positions privilégiées : à libérer la liberté. »

Et elle ajoute en guise de conclusion :

« Ainsi, j'essayai de concilier avec les idées de Sartre la tendance que, dans de longues discussions, j'avais soutenue contre lui : je rétablissais une hiérarchie entre les situations; subjectivement, le

---

9. FDA, 628.

salut était en tout cas possible; on n'en devait pas moins préférer
le savoir à l'ignorance, la santé à la maladie, la prospérité à la
pénurie. »[10]

Par-delà le problème de son rapport à la philosophie et à
l'œuvre philosophique, la question de son ralliement à
l'existentialisme oblige Beauvoir à mieux définir sa relation à
Sartre : si elle fait œuvre philosophique, elle devra prendre
position par rapport aux théories sartriennes, et donc exprimer
publiquement les oppositions qui sont restées jusqu'à présent
entre eux. Il faut noter dans le passage cité plus haut, la façon
dont elle exprime à la fois la volonté affichée de "concilier" ses
idées avec celles de Sartre, et la prise de conscience — datant au
moins de 1960, date à laquelle fut écrite *La Force de l'âge* — de
la difficulté, voire de l'impossibilité de le faire (cf."j'essayai").
C'est sans aucun doute la volonté de concilier qui domine dans le
texte cité, et, nous le verrons, en général. Cependant prendre en
considération les "possibilités concrètes" n'est pas une démarche
aussi anodine et simple qu'elle veut bien le faire apparaître ici :
loin de n'être que le prolongement moral des théories sartriennes,
cela présuppose en amont une philosophie reposant sur des
bases plus matérialistes qu'idéalistes. Elle tait en outre, dans ce
commentaire, les différences radicales par rapport à la vision
sartrienne concernant la conception de l'autre et de la
transcendance, différences qui apparaissent dès la première
partie de l'essai et constituent la partie sans doute la plus
novatrice de son approche, ainsi que nous le constaterons plus
loin.
    Il y a donc, entre le texte lui-même et le commentaire qu'en
fait Simone de Beauvoir dans son autobiographie, un
déplacement d'accent significatif. Et il apparaît assez clairement

---

10. Idem.

que "le Castor"[11] obéit à un désir ambigu : dire sans toutefois les souligner, ou minimiser sans toutefois les taire, les différences objectives entre sa pensée et celle de Sartre.

Plus tard, dans *Tout compte fait*, elle n'hésirera pas à critiquer le fait d'avoir donné des bases idéalistes, et plus exactement hégéliennes, à l'opposition du Même et de l'Autre :

> « Théoriquement, j'ai déjà dit que si j'écrivais aujourd'hui *Le Deuxième Sexe* je donnerais des bases matérialistes et non idéalistes à l'opposition du Même et de l'Autre. Je fonderais le rejet et l'oppression de l'autre non sur l'antagonisme des consciences, mais sur la base économique de la rareté. »[12]

C'est en effet à l'aide de la conception hégélienne de l'Autre et de la thèse selon laquelle "la catégorie de l'Autre est aussi originelle que la conscience elle-même"[13] puisque tout "sujet ne se pose qu'en s'opposant (et) prétend s'affirmer comme l'essentiel et constituer l'autre en inessentiel, en objet"[14], que Beauvoir commence, dans *Le Deuxième Sexe*, à aborder la problématique qui est la sienne : tenter de définir ce qu'est une femme. Mais très vite, ainsi que le note Michèle Le Dœuff[15], en introduisant la notion de "moyens concrets"[16] dont l'absence entrave la liberté, elle s'éloigne nettement de la ligne de Hegel et de Sartre et anticipe largement la prise de position exposée plus tard dans *Tout compte fait* et citée plus haut. La catégorie de l'Autre apparaît alors avant tout comme le moyen et la manifestation d'une oppression économique et matérielle.

Par ailleurs, *être l'autre* n'est aliénant que dans la mesure où il n'y a pas *réciprocité*, ou, plus exactement parlant, *être l'autre*

---

11. Célèbre surnom de Simone de Beauvoir (Beauvoir = beaver, le castor), donné par Maheu (Herbaud dans les *Mémoires*).
12. TCF, 497.
13. *Le Deuxième Sexe*, I, 16.
14. Ibid., I, 17.
15. *L'Etude et le rouet*, op. cit., p. 115 et suivantes.
16. *Le Deuxième Sexe*, I, 21.

peut être, doit être, selon Beauvoir, constitutif de l'identité du
sujet dans les rapports de réciprocité qu'il entretient avec autrui.
Etre sujet et être un autre (sans majuscule) *pour* l'autre n'ont
plus rien d'inconciliable dans la relation différente à l'autre telle
que la définit Beauvoir. Ce glissement de l'Autre à l'autre qui
sépare le début de la fin de l'essai sur la condition féminine est
remarquable. Relisons le dernier chapitre *Vers la libération*, et
en particulier ces quelques lignes :

> « Affranchir la femme, c'est refuser de l'enfermer dans les
> rapports qu'elle soutient avec l'homme, mais non les nier; qu'elle
> se pose pour soi elle n'en continuera pas moins à exister aussi
> pour lui : se reconnaissant mutuellement comme sujet chacun
> demeurera cependant pour l'autre un autre (...) ».[17]

---

17. *Le Deuxième Sexe*, II, 576.

2

Une autre relation à l'autre

Si Simone de Beauvoir en vient finalement à évoquer dans *Pyrrhus et Cinéas* les conditions matérielles, les "situations telles que (les hommes) puissent accompagner ma (notre) transcendance", c'est qu'elle a préalablement établi en effet — et c'est là la thèse essentielle développée tout au long de l'essai — que "nous avons besoin d'autrui pour que notre existence devienne fondée et nécessaire"[1]. "Ma transcendance" ne peut se suffire à elle seule, seul autrui peut "revêtir d'une dimension nécessaire ce que je fais pour me faire être"[2]. Et Beauvoir de définir ainsi notre "situation en face d'autrui" :

> « (...) les hommes sont libres, et je suis jetée dans le monde parmi ces libertés étrangères. J'ai besoin d'elles, car une fois que j'ai dépassé mes propres buts, mes actes retomberaient sur eux-mêmes inertes, inutiles, s'ils n'étaient emportés par de nouveaux projets vers un nouvel avenir. Un homme qui survivrait seul sur terre à un cataclysme universel devrait s'efforcer, tel Ezéchiel, de ressusciter l'humanité, ou il n'aurait plus qu'à mourir. Le mouvement de ma transcendance m'apparaît comme vain dès que je l'ai transcendé; mais si à travers d'autres hommes ma transcendance se prolonge toujours plus loin que le projet que je forme au présent, je ne saurais jamais la dépasser. »[3]

---

1. P et C, 339.
2. Ibid., 340. De façon significative, Beauvoir utilise ici le plus souvent la première personne, un "je" qui implique le lecteur tout autant que l'auteur dans le texte et contribue à renforcer l'aspect concret de cet écrit philosophique.
3. P et C, 355.

La "relation ek-statique" qui "me" porte toujours "au-delà de moi-même", dans un dépassement continuel, passe donc pour Simone de Beauvoir nécessairement par autrui. Grâce à autrui, "ma transcendance" ne retombe pas en immanence; elle se projette perpétuellement vers l'avenir. Encore faut-il, pour accompagner le mouvement de cette transcendance, qu'autrui se soit constitué lui-même en transcendance, en liberté "en face de moi" — c'est pourquoi, comme nous l'avons vu, elle en était arrivée à définir les "possibilités concrètes" données aux hommes de le faire. "Ce qu'il me faut en face de moi, c'est une liberté. La liberté est la seule réalité que je ne puisse transcender."[4] Ainsi, loin de menacer, de limiter ou de réduire la mienne, la liberté d'autrui est *la condition* même de son accomplissement; elle est ce qui me permet de dépasser l'inertie de la condition humaine, le néant, la mort :

> « Seule la liberté d'autrui est capable de nécessiter mon être. Mon besoin essentiel est donc d'avoir des hommes libres en face de moi : ce n'est pas si on m'annonce ma mort, c'est si on m'annonce la fin du monde que mon projet perd tout sens »[5].

On voit dès à présent qu'un certain nombre de termes sont mis en place, termes autour desquels la pensée de Beauvoir et les représentations symboliques qui en découlent vont se structurer : ma transcendance *se prolonge* à travers l'autre qui est libre *en face* de moi. L'une et l'autre libertés se font face, et c'est dans ce face-à-face nécessaire qu'elles se complètent; elles s'opposent peut-être, elles ne se détruisent pas.

A ce point de notre progression, il faut rappeler rapidement[6] les termes dans lesquels Sartre définit la transcendance et la relation à l'autre. Loin d'être nécessaire à ma transcendance, autrui est pour Sartre, dans *L'Etre et le Néant*, "la mort cachée",

---

4. Ibid., 343.
5. Ibid., 338.
6. Pour plus de détails, on se reportera directement à *L'Etre et le Néant*.

"l'aliénation subtile de toutes mes possibilités"[7]. "Il est cet objet du monde qui détermine un écoulement interne de l'univers, une hémorragie interne; il est le sujet qui se découvre à moi dans cette fuite de moi-même vers l'objectivation"[8]. "La liberté d'autrui m'est révélée à travers l'inquiétante indétermination que je suis pour lui. Ainsi, cet être n'est pas mon possible (...) : il est au contraire la limite de ma liberté (...)"[9]. Non seulement il ne revêt pas "d'une dimension nécessaire ce que je fais pour me faire être"; il est au contraire la révélation du néant au sein de mon existence : "Tout se passe comme si j'avais une dimension d'être dont j'étais séparé par un néant radical : et ce néant, c'est la liberté d'autrui"[10]. Et l'on connaît la célèbre formule :"ma chute originelle, c'est l'existence de l'autre"[11]. C'est pour Sartre essentiellement par le regard qu'autrui me manifeste son pouvoir de me "voler le monde". Autrui étant "par principe, *celui qui me regarde*"[12], le regard n'est pas défini comme ce qui me permet d'entrer en contact avec autrui, mais comme ce par quoi je suis renvoyé à mon être-objet, à mon immanence :

> « Ce que je saisis immédiatement lorsque j'entends craquer les branches derrière moi, ce n'est pas *qu'il y a quelqu'un*, c'est que je suis vulnérable, que j'ai un corps qui peut être blessé, que j'occupe une place et que je ne puis, en aucun cas, m'évader de l'espace où je suis sans défense, bref que je *suis vu*. Ainsi le regard est d'abord un intermédiaire qui renvoie de moi à moi-même. (...) je suis *en danger*. Et ce danger n'est pas un accident, mais la structure permanente de mon être pour-autrui. »[13]

---

7. J.P. Sartre, *L'Etre et le Néant*, Paris, Gallimard, 1943, coll. Tel, p. 311.
8. Ibid., p. 303.
9. Ibid., p. 308.
10. Ibid.
11. Ibid., p. 309.
12. Ibid., p. 303.
13. Ibid., p. 305 et p. 314.

On mesure à quel point le regard, chez Sartre, est défini négativement. Il n'est pas le lieu d'une "rencontre" avec l'autre, et encore moins de l'élan qui me porte vers l'autre; il manifeste "la séparation absolue"[14] qui règne entre moi et l'autre.

Simone de Beauvoir ne nie pas "que l'existence inerte des choses est séparation et solitude. Il n'existe entre le monde et moi aucune attache toute faite"[15]. Mais elle oppose avec force à cette inertie des choses une autre réalité : l'élan *spontané* de ma subjectivité qui me porte vers le monde et vers l'autre. L'autre n'est "fermé pour moi" que "si je me referme sur moi"[16]. En face de cette réalité faite d'inertie, de néant *et* de spontanéité, tout est possible. "Notre rapport avec le monde n'est pas décidé d'abord; c'est nous qui décidons"[17]. C'est à chacun, par ses actes, à créer le lien qui l'unit à l'autre. La séparation n'est donc pas pour Beauvoir une donnée ontologique de la condition humaine.

Cependant, de façon remarquable, c'est à Camus, et non à Sartre, qu'elle reproche, dans *Pyrrhus et Cinéas*, d'avoir accordé trop d'importance à l'inertie, à "l'indifférence étrangère du monde", d'en avoir fait en quelque sorte une fatalité :

« Et c'est ce pouvoir que méconnaît l'Etranger : aucune possession n'est donnée; mais l'indifférence étrangère du monde n'est pas donnée non plus : je ne suis pas d'abord chose, mais spontanéité qui désire, qui aime, qui veut, qui agit. »[18]

On ne trouve pas, dans l'œuvre philosophique de Beauvoir, de développement théorique sur le regard d'autrui; là comme ailleurs, elle ne prend pas directement le contre-pied de Sartre; mais l'on verra l'importance métaphorique que le regard prendra dans ses œuvres de fiction, dans un tout autre sens que Sartre. Il

14. Ibid., p. 332.
15. P et C, 243.
16. Ibid., 242.
17. P et C, 246.
18. Ibid., 245.

est cependant un passage de *Pyrrhus et Cinéas* où l'on pressent déjà que le regard vers l'autre sera pour elle un lieu privilégié — l'archétype — de ce mouvement vers autrui qu'elle appelle de ses vœux :

> « Si je me cherche dans les yeux d'autrui avant de m'être donné aucune figure, je ne suis rien; je ne prends une forme, une existence que si d'abord je me jette dans le monde en aimant, en faisant. »[19]

Ces phrases illustrent, me semble-t-il, ce que l'on pourrait appeler une dialectique de la transcendance chez Beauvoir. Il ne suffit pas d'aller vers l'autre pour réaliser sa transcendance. Inversement, la transcendance ne peut s'accomplir sans l'autre. Le mouvement vers l'autre doit venir accomplir la transcendance d'un *sujet* déjà engagé, par ses actes et ses projets, dans le monde. Ce n'est que s'ils sont déjà sujets pour soi que deux être peuvent s'accomplir dans le regard qui les lient.

Il apparaît par ailleurs que dans ces phrases se trouve condensé l'essentiel de la thématique du roman paru un an avant *Pyrrhus et Cinéas*, *L'Invitée*, dont on connaît le contenu fortement autobiographique. Par l'arrivée de Xavière, "l'invitée", la fille adoptive, dans la vie du couple que forment Françoise et Pierre, Françoise, l'héroïne du roman, à qui Beauvoir prête son expérience, prend conscience que l'amour-fusion qu'elle croyait vivre avec Pierre n'est qu'une dangereuse illusion. Ayant d'abord pensé que "il n'y avait qu'une vie, et au centre un être dont on ne pouvait dire ni lui, ni moi, mais seulement nous"[20], elle se rend compte quelque temps plus tard que : "on ne fait qu'un, c'est très joli; mais Pierre revendiquait son indépendance; naturellement qu'en un sens ils étaient deux, elle le savait très bien"[21]. La fusion ne fait que masquer la dépendance, le manque d'identité.

---

19. Ibid., 340.
20. *L'Invitée*, 61.
21. Ibid., 78.

Françoise commence par se chercher dans les yeux de Pierre, dans son regard, et comme il ne la regarde plus, elle prend conscience qu'elle n'*est* pas, qu'elle n'existe pas réellement en tant qu'individu parce qu'elle s'est *engloutie* dans l'amour pour lui *avant même* de conquérir son identité. Elle ne se connaît "que comme une suite d'absences"[22]. "Exilée (...) loin de Pierre et de Xavière, elle cherch(e) en vain du secours en elle-même : elle n'(a) littéralement pas de moi. Elle est pure transparence, sans visage ni individualité."[23] Dans ce rapport fusionnel, il apparaît non seulement que le "moi" a perdu toute existence objective, mais également que l'autre, parce que, à force d'être trop proche, il a perdu ses qualités comme autre, ne peut plus être approché, désiré, ni aimé, et risque finalement de devenir étranger :

> « Elle interrogea son visage, c'était un visage trop familier qui ne parlait plus; il n'y avait qu'à étendre la main, pour le toucher, mais cette proximité même le rendait invisible, on ne pouvait rien penser sur lui. Il n'y avait même pas de nom pour le désigner. Françoise ne l'appelait Pierre ou Labrousse qu'en parlant aux gens; en face de lui ou dans la solitude elle ne l'appelait pas. Il lui était aussi intime qu'elle-même et aussi inconnaissable; un étranger, elle aurait pu au moins s'en faire une idée. »[24]

Cette union figée dans la fusion ne mène ni à la transcendance ni à l'amour. L'histoire de *L'Invitée*, c'est essentiellement la prise de conscience que fait l'héroïne de la nécessité de "se faire être", de s'émanciper de cet amour-fusion pour commencer à être elle-même et s'élancer ensuite vers l'avenir riche, peut-être, d'autres formes d'amour.

Et elle se fait *être* en effet, par un acte : elle tue Xavière. "Françoise a renoncé à trouver une solution éthique au problème de la coexistence; elle subit l'*Autre* comme un irréductible scandale; elle s'en défend en suscitant dans le monde un fait

---

22. Ibid., 184.
23. FDA, 387.
24. *L'Invitée*, 81.

également brutal et irrationnel : un meurtre."[25] Beauvoir a certes formellement démenti que ce roman fût un roman à thèse[26]. Cependant, une fois de plus, le commentaire qu'elle en fait laisse planer une certaine ambiguïté et ne permet pas de démentir, au contraire, ceux qui y ont vu une illustration des thèses sartriennes de l'autre comme scandale, l'autre comme ma "chute originelle", l'autre comme "la liberté"(...) qui "me sépare (de) ma dimension d'être"[27].

En fait, ce que méconnaît absolument cette interprétation, et ce sur quoi joue Simone de Beauvoir, consciemment ou inconsciemment, mais en tout cas avec grande subtilité, c'est que, si Xavière révèle bien à Françoise son manque d'être, celui-ci n'apparaît pas dans le roman de Beauvoir comme une donnée ontologique de l'existence, mais comme *la conséquence* d'une certaine *situation* : il est la conséquence de sa dépendance vis-à-vis de Pierre, c'est-à-dire de la conception que Françoise se fait — se faisait — de l'amour, autrement dit la conséquence de sa situation de femme. Ce qui crée le manque d'être, ce n'est pas l'Autre (Xavière), c'est avant tout le sujet lui-même (Françoise) oubliant de se réaliser comme sujet, d'accéder à la transcendance. Et c'est également aussi le monde dans lequel il se trouve, qui ne lui offre pas toujours les "possibilités concrètes" de le faire. On sait, au moins depuis *Le Deuxième Sexe*, que la situation de la femme dans le monde n'est pas la même que celle de l'homme, ne serait-ce que parce que "le mot 'amour' n'a pas du tout le même sens pour l'un et l'autre sexe", et parce que, plus généralement, la femme ne jouit pas des mêmes chances de se constituer en sujet[28]. Une lecture attentive de *L'Invitée* fait donc apparaître que ce roman annonce beaucoup plus *Le Deuxième Sexe* qu'il n'illustre *L'Etre et le Néant*.

---

25. FDA, 388.
26. Ibid.
27. Sartre, *L'Etre et le Néant*, op. cit., p. 308.
28. *Le Deuxième Sexe*, op. cit., II,. 477 et I, 31.

De façon significative par ailleurs, le meurtre de l'autre n'apparaît lui aussi, dans ce premier roman de Beauvoir, que comme un moyen d'échapper à la situation de dépendance dans laquelle se trouve l'héroïne et/ou la narratrice, ainsi que le note l'écrivain elle-même dans *La Force de l'âge* :

> « (...) en déliant Françoise, par un crime, de la dépendance où la tenait son amour pour Pierre, je retrouvai ma propre autonomie. »[29]

Ce crime est vécu par Françoise ainsi que par la narratrice comme "une expérience de la séparation". Cela est dit explicitement dans *La Force de l'âge* en ce qui concerne Beauvoir elle-même :

> « Stylo en main, je fis avec une sorte de terreur *l'expérience de la séparation*. Le meurtre de Xavière peut paraître la résolution hâtive et maladroite d'un drame que je ne savais pas terminer. Il a été au contraire le moteur et la raison d'être du roman tout entier. »[30]

Quant à Françoise, elle semble incarner, dans sa solitude, dans cette parfaite coïncidence avec elle-même, à la fin du roman, tout aussi bien que Xavière "l'absolue séparation". Comparons ce que Beauvoir nous dit d'elles :

> (Françoise) « Seule. Elle avait agi seule. Aussi seule que dans la mort. (...) Personne ne pourrait la condamner ni l'absoudre. Son acte n'appartenait qu'à elle. "C'est moi qui le veux". C'était sa volonté qui était en train de s'accomplir, plus rien ne la séparait d'elle-même. Elle avait enfin choisi. Elle s'était choisie ».[31]

> (Xavière) « (...) elle était là, n'existant que pour soi, tout entière réfléchie en elle-même, réduisant au néant tout ce qu'elle

---

29. FDA, 388.
30. Ibid., 389. Les termes en italique sont ainsi soulignés par nous.
31. L'Invitée, 503.

excluait; elle enfermait le monde entier dans sa propre solitude triomphante, elle s'épanouissait sans limites, infinie, unique; tout ce qu'elle était, elle le tirait d'elle-même, elle se refusait à toute emprise, elle était l'absolue séparation. »[32]

Ainsi, la "séparation" est vécue par Françoise et/ou la narratrice comme "une expérience", c'est la conséquence d'un *acte*, du meurtre, non une donnée ontologique de l'être-dans-le monde ou de l'être-pour-autrui, comme chez Sartre. De même, si Xavière incarne "l'absolue séparation", c'est qu'elle refuse désormais le dialogue, c'est-à-dire à Françoise la possibilité de s'expliquer, elle ne veut même plus la voir ("ne revenez pas"), et encore moins lui laisser "une chance de ne pas (se) sentir odieusement criminelle" — bref, elle rend sa "faute irréparable"[33], elle la *condamne* à la faute. Ce n'est pas en son être que Xavière est responsable de la séparation, comme chez Sartre, mais parce qu'elle se fait "inertie, repliement sur soi", c'est parce qu'elle refuse "le lien qui l'unit à l'autre"[34], et qu'elle adopte le comportement que condamne Beauvoir dans *Pyrrhus et Cinéas,* écrit, je le rappelle, un an après *L'Invitée*.

Le meurtre sur le papier, ce meurtre-fantasme, ainsi que le qualifia elle-même Beauvoir, obéit en outre pour l'écrivain en train d'écrire, ne l'oublions pas, son premier roman, à une nécessité profonde, plus ou moins consciente, d'ordre psychique et symbolique, liée à l'acte d'écriture, à "la venue à l'écriture"[35], et dont témoigne l'intensité de l'émotion ressentie en l'exorcisant :

« (...) il me fallait aller au bout de mon fantasme, lui donner corps sans en rien atténuer, si je voulais conquérir pour mon compte la solitude où je précipitai Françoise. Et en effet, l'identification s'opéra. Relisant les pages finales, aujourd'hui

---

32. Ibid., 502-503.
33. Ibid , 501.
34. P et C, 245.
35. Hélène Cixous, *La venue à l'écriture*, Paris, UGE., 1977, p. 9-62.

figées, inertes, j'ai peine à croire qu'en les rédigeant j'avais la gorge nouée comme si j'avais vraiment chargé mes épaules d'un assassinat. Pourtant ce fut ainsi. »[36]

Pour Toril Moi[37], Xavière, assez paradoxalement puisqu'elle est la plus jeune, la fille adoptive, "l'invitée", représente "une figure maternelle négative"[38], sur laquelle Beauvoir projette l'image de "la mère archaïque qui menace de dévorer la fille"[39]. "Fantasmant sur le caractère destructeur de sa mère, la fille exprime de ce fait même son unité persistante avec elle"[40]. En tuant Xavière, Françoise met fin à la symbiose, rompt enfin le cordon ombilical, et en même temps le carcan de l'amour-fusion, tel qu'il est vécu avec Pierre. L'interprétation de Toril Moi a le mérite de nous encourager à prendre en considération, en amont de la relation homme-femme, en amont de toute relation avec l'autre, la relation mère-enfant telle qu'elle fut vécue inconsciemment. On sait, par ailleurs, au moins depuis le livre d'Alain Buisine, *Laideurs de Sartre*[41], que cette dimension n'a vraisemblablement pas été sans importance dans la constitution des théories prétendument uniquement conscientes et rationnelles de Sartre. Ainsi le roman *L'Invitée*, loin d'être une simple illustration des théories sartriennes, nous invite au contraire non seulement à en découvrir les limites, mais aussi à réfléchir aux présupposés inconscients de toute mise en forme de la pensée, et ici en particulier aux présupposés inconscients de la conception de l'autre.

Si l'interprétation, utilisant les grilles psychanalytiques, de l'universitaire américaine, est intéressante et nécessaire, elle n'est cependant pas suffisante. D'abord, elle néglige peut-être un peu

---

36. FDA, 389.

37. Toril Moi, *Simone de Beauvoir*, op. cit., p. 180 à 189.

38. Ibid., p. 189.

39. Ibid., p. 180.

40. Ibid., p. 184.

41. Alain Buisine, *Laideurs de Sartre*, Presses Universitaires de Lille, 1986.

trop, pour le coup, le vécu conscient, comme par exemple le traumatisme, analysé comme tel par Beauvoir elle-même, qu'a représenté la mort de son amie d'enfance Zaza, victime d'une mère abusive, perpétuant avec zèle et bonne conscience un système familial oppresseur se nourrissant d'orthodoxie catholique. Dans le cas de Beauvoir, le personnage symbolique de la mère ne peut être réduit à sa dimension psychanalytique; il est indissociable du contexte social, politique et religieux, qui fut celui de l'enfance et de l'adolescence de l'auteur.

Par ailleurs, Toril Moi ne tient pas compte du fait, à mon avis hautement significatif, que l'héroïne de *L'Invitée*, Françoise, porte le nom de la mère de Beauvoir. Pourquoi, si c'est Xavière la mère? Mais Xavière n'est-elle pas *aussi* la fille, une femme capricieuse et velléitaire, faible et désemparée, une femme-objet, très dépendante, tout juste capable de se chercher dans les yeux d'un homme, que ce soit Pierre ou Gerbert, impuissante à s'élancer seule vers l'avenir — bref, cette femme que Françoise justement se refuse à être. Xavière serait alors, en quelque sorte, un double de Françoise : toutes deux sont à la fois fille et mère, victime et bourreau, la femme définie par l'homme, dépendante de l'homme, et se perpétuant ainsi indéfiniment de génération en génération. En face d'une même situation, la situation de dépendance, l'une et l'autre ne peuvent que choisir entre l'un ou l'autre terme de l'alternative : la fusion ou la séparation. Ce sont donc peut-être moins les rôles ou fonctions de fille ou de mère qui sont signifiants ici, que les faits que d'une part les deux femmes sont *enfermées* dans l'alternative : être victime ou être criminelle, et que d'autre part le crime est choisi comme la représentation symbolique de la notion philosophique de séparation. Pour sortir de l'enfermement[42], Françoise enferme Xavière dans la chambre à gaz, après que celle-ci a "enferm(é) le monde entier dans sa solitude". Pour se choisir, pour sortir du

---

42. C'est là un des motifs centraux de l'oeuvre. Dès le début en effet, Françoise se dit "enfermée dans le bonheur" (*L'Invitée*, 37).

cercle vicieux, de l'enfermement séculaire, elle élimine donc un des termes de l'alternative, au risque de s'enfermer dans une autre prison... Le lecteur a-t-il vraiment envie de lui donner raison?

Ainsi le premier roman de Simone de Beauvoir, loin de souscrire au modèle sartrien de séparation, ou à l'idéal bourgeois de fusion, témoigne-t-il, à mon avis, avant tout du *risque* que représentent ces deux formes de rapport à l'autre comme les deux termes de l'alternative à laquelle la femme peut difficilement échapper dans le monde tel qu'il est.

C'est ailleurs que Simone de Beauvoir cherchera *sa* solution : la *jouissance* ou l'instant de jouissance représenteront désormais pour elle la forme privilégiée du rapport à l'autre.

"Il n'y a jouissance que lorsque je sors de moi-même et qu'à travers l'objet dont je jouis j'engage mon être dans le monde"[43], écrit-elle dans *Pyrrhus et Cinéas*. "Toute jouissance est projet"[44]. La jouissance, ainsi définie, est donc bien synonyme de cette transcendance "à la puissance deux", que Beauvoir appelle de ses voeux, puisqu'elle est un moyen de se dépasser soi-même en allant vers l'autre. Elle n'est pas "séparation d'avec le monde"[45], d'avec l'autre. "Dès qu'elle retombe sur elle-même, la jouissance redevient ennui"[46]. La jouissance est par définition *tendue* vers l'autre; elle est tout entière contenue dans cet instant de tension, elle ne lui survit pas. Si elle n'est pas séparation, elle ne *doit* pas être fusion non plus. "Dès que je supprime cette distance qui, me séparant de l'objet, me permet de me jeter vers lui, d'être mouvement et transcendance, cette union figée de l'objet avec moi n'existe plus qu'à la manière d'une chose"[47]. Il faut qu'il y ait distance, pour qu'il y ait désir, mouvement vers l'autre et par conséquent transcendance. Mais la distance, dans

43. P et C, 253, 254.
44. Ibid., 253.
45. Ibid., 252.
46. Ibid., 253.
47. Ibid., 251-252.

la jouissance, se réduit à la *différence* : "(...) la jouissance est présence d'un objet auquel je me sens présent : elle est présence de l'objet et de moi-même au sein de leur différence"[48]. La jouissance est cet instant de "flamboyante plénitude" enveloppant "le passé, l'avenir, le monde entier"[49], où l'autre est tout entier *présent dans sa différence*, dans sa liberté, dans sa transcendance, qui l'emporteront peut-être à nouveau, à l'instant suivant, loin de moi. C'est ainsi que Simone de Beauvoir la décrit dans ce merveilleux passage du *Sang des autres* :

> « Elle l'étreignit; tiède, lisse, élastique et dur : un corps. Il était là; tout entier contenu dans ce corps d'homme qu'elle serrait dans ses bras. Tout le jour il s'était échappé : dans son passé, avec ses pensées, près de sa mère et de Denise, répandu dans le monde entier. Et maintenant, il était là, contre sa chair, sous ses mains, sous sa bouche; pour le rejoindre, elle se laissait couler sans souvenir, sans espoir, sans pensée, au fond de l'instant immobile : plus rien qu'un corps aveugle éclairé sourdement par le crépitement de millions d'étincelles. Ne me trahis pas. Ne t'en va pas loin de ce corps que mon corps appelle. Ne me laisse pas seule en proie à la nuit brûlante. Elle gémit. Tu es là. Aussi sûrement que moi-même. Pour moi, non pour toi, cette chair qui frémit; ta chair. Tu es là. Tu me désires, tu m'exiges. Et moi aussi je suis là, une flamboyante plénitude contre laquelle le temps se brise. Cette minute est réelle, à jamais, aussi réelle que la mort et que l'éternité. »[50]

L'on mesurera l'importance du déplacement et du renouvellement sémantique iconoclastes auquel se livre Beauvoir à propos de la notion de jouissance; elle n'est pas définie comme l'aboutissement, la résolution et la satisfaction du désir; elle ne suit pas le désir; elle est *à la fois* le désir et son accomplissement. La jouissance n'apaise pas le désir, elle est *encore* désir, elle est *dans* le désir. Et n'est-ce pas en effet

---

48. Ibid., 251.
49. Ibid., 256.
50. *Le Sang des autres*, 194.

iconoclaste de jeter ainsi d'un mot par-dessus bord des siècles
d'opposition entre la matière, la chair et l'esprit, et de placer
dans le pouvoir du corps la possibilité de l'accès à la lumière de
la transcendance, par opposition à la nuit du néant? Dans leur
rapport, dans le mouvement d'amour et de désir vers l'autre,
deux corps produisent l'énergie qui les arrachent au néant.

L'on remarquera par ailleurs que, contrairement à ce qui est
si souvent reproché à Beauvoir, entre autres par Toril Moi, la
transcendance, telle qu'elle est définie par Beauvoir, est loin
d'être "remarquablement phallocentrique" et que, dans les
métaphores qui la représentent, la transcendance ne ressemble
pas toujours à une érection[51] . Pour la femme "libre dans la
soumission à laquelle elle consent"[52], il est possible d'échapper à
la fatalité du temps et de la mort, à l'inertie du néant, il est
possible d'accéder à la "dignité de sujet transcendant" *tout en
assumant sa condition charnelle,* qui est aussi, mais pas
seulement, passivité, appel, attente. Je dirais même que la femme
est, dans le désir vécu comme un accomplissement de sa liberté,
"une flamboyante plénitude" parce qu'elle est "ce crépitement de
millions d'étincelles" qui décuple le pouvoir sensoriel de son
corps et transforme son argile en feu, *et* parce qu'elle peut
également "se laisser couler" au fond de la chair, au fond de ce
corps aveugle qui l'ancre dans la terre. La noyade dans la
matière, dans la chair, n'est pas synonyme de solitude, de néant,
ni de mort : elle est ex-tase, une façon de rejoindre l'autre au
coeur de la chair transportée de jouissance.

L'on mesurera par ailleurs, une fois de plus, la distance qui
sépare cette conception de la jouissance-transcendance du désir
tel que le définit Sartre dans *L'Etre et le Néant* où il apparaît
que "le désir n'est pas seulement l'empâtement d'une conscience
par sa facticité, il est corrélativement l'engluement d'un corps
par le monde; et le monde se fait *engluant*; la conscience s'enlise

---

51. Toril Moi, *Simone de Beauvoir*, op. cit, p. 278.
52. *Le Deuxième Sexe*, II, 168.

dans un corps qui s'enlise dans le monde."[53] Loin d'être la possibilité d'une "flamboyante plénitude", le désir, le contact de deux corps, la chair, sont, pour Sartre, engluement, empâtement, enlisement de la conscience le contraire de la transcendance. La conception de la jouissance que Beauvoir expose en 1944 dans *Pyrrhus et Cinéas* semble ainsi à première vue beaucoup plus proche de celle qu'ébauche, quelques années plus tard, Emmanuel Lévinas dans *Le Temps et l'Autre*, où l'éros est décrit comme "le face-à-face sans intermédiaire (...) où, dans la proximité de l'autre, est intégralement maintenue la distance"[54]. Cependant, il ne faut pas perdre de vue que Beauvoir n'aurait pas souscrit à la conception de "l'absence de l'autre" définie comme "sa présence comme autre" ("Ce qu'on présente comme l'échec de la communication dans l'amour constitue précisément la positivité de la relation; cette absence de l'autre est précisément sa présence comme autre")[55]. Pour elle, on l'a vu, la distance *n'est pas* "intégralement maintenue" dans l'instant de la jouissance. L'autre est présence, "tout entier contenu" dans l'étreinte, y compris sa différence. Cependant l'instant fusionnel *contient* la *distance* à venir dans l'instant suivant. Dans cette relation différente à l'autre telle que la définit Beauvoir, fusion et distance ne s'excluent pas, mais se complètent : elles sont les deux pôles entre lesquels ne doit cesser d'aller et venir le sujet aimant.

Il est par ailleurs significatif que Beauvoir n'ait pas analysé l'éros dans un traité philosophique, ni même dans ses essais. Ses analyses de la jouissance et du rapport à l'autre sont suffisamment générales pour s'appliquer à toutes sortes de situation, dont l'amour. On aura noté que ses analyses de la jouissance dans *Pyrrhus et Cinéas* se bornent à ne s'intéresser

---

53. Sartre, *L'Etre et le Néant*, op. cit., 442.
54. Emmanuel Lévinas, *Le Temps et l'Autre*, Quadrige, PUF, 2e édition 1985, p. 89.
55. Ibid.

qu'à "l'objet dont je jouis" et que c'est uniquement au sein de cette "activité vivante", un peu moins réfléchie, un peu plus spontanée, qu'est pour elle le récit romanesque, que cette situation intime, personnelle, aux mille nuances fugitives, peut être évoquée. Elle ne peut être mise trop à distance. Les résonances en sont trop profondes pour être rendues par le langage plus analytique de l'essai. Si elle a su redonner à la jouissance et au corps une place qu'ils prennent rarement en philosophie, il est probable cependant qu'à ses yeux l'éros relevait plus de la littérature que de la philosophie, et plus encore de la vie que de la littérature. On est bien loin de l'époque où Montaigne se demandait ce "qu'a fait l'action génitale aux hommes, si naturelle, si nécessaire et si juste, pour n'en oser parler sans vergogne, et pour l'exclure des propos sérieux et réglez"[56]. Freud — et d'autres — sont passés par là. Il s'agit peut-être pour Beauvoir de rendre à l'éros un peu du mystère qui lui revient. Elle fait bien la part de ce qui peut être traité par la philosophie et de ce qui ne peut l'être. Tous les aspects de la vie ne peuvent être appréhendés de la même façon, enfermés dans le même moule. Chaque réalité requiert sa forme. Certaines formes sont plus à même que d'autres de s'approcher de l'indicible. Beauvoir s'est refusée à tout transformer en réflexion. A se complaire dans cette hypertrophie de l'intellect à laquelle l'époque moderne n'a que trop tendance à céder. Au détriment de l'élan spontané de vie. Trois ans après son premier essai, après cette sorte de révélation brusque et instinctive de son "malaise dans la philosophie", Beauvoir va, dans *Pour une morale de l'ambiguïté*, son deuxième essai, expliciter les raisons de ce malaise et les reproches qu'elle adresse à la philosophie en général, et à la philosophie sartrienne en particulier.

---

56. Montaigne, *Les Essais*, III, V, Paris, Gallimard, "La Pléiade", p. 825.

3

Pour une morale de l'ambiguïté ou le malaise dans la philosophie

Simone de Beauvoir ne nie pas, bien sûr, la nécessité de la réflexion comme activité fondamentale de l'homme, comme ce par quoi il connaît et comprend la réalité de sa condition :

« Ce que me découvre la réflexion, c'est que tout projet laisse place à une nouvelle question; j'ai en moi à l'égard de mon projet et de moi-même une puissance négative par laquelle je m'apparais comme émergeant dans le néant; elle me délivre de l'illusion de la fausse objectivité; j'apprends d'elle qu'il n'y a d'autre fin au monde que mes fins, d'autre place que celle que je me creuse. Et les autres hommes ne détiennent pas non plus les valeurs auxquelles je souhaite accéder : si je les transcende, ils ne peuvent rien pour moi. Pour être reconnu par eux, il faut d'abord que je les reconnaisse. Nos libertés se supportent les unes les autres comme les pierres d'une voûte, mais d'une voûte que ne soutiendrait aucun pilier. L'humanité est tout entière suspendue dans un vide qu'elle crée elle-même par sa réflexion sur sa plénitude. »[1]

Ce contre quoi elle s'élève, c'est le fait que la réflexion finisse par prévaloir sur tout le reste, et sur la spontanéité en particulier, sur l'élan vital, "qui désire, qui aime, qui veut, qui agit"[2]. Elle poursuit son raisonnement, sans hésiter à y mêler une pointe d'idéalisme :

« Mais puisque ce vide n'est qu'un envers, puisque la réflexion n'est possible qu'après le mouvement spontané, pourquoi lui accorder une prépondérance et condamner les projets humains en les confrontant avec la tranquillité du néant? La réflexion fait surgir autour de moi le néant : mais elle ne se transporte pas en son sein, elle n'est pas autorisée à parler en son nom et à juger de

---

1. P et C, 366-367.
2. P et C, 245.

son point de vue la condition humaine. Là où il y a un point de vue, ce n'est pas le néant. Et en vérité je ne peux prendre d'autre point de vue que le mien. »[3]

Accorder la prépondérance à la réflexion sur la spontanéité, c'est méconnaître, en fait, "la tragique ambiguïté" de la condition humaine. L'opposition entre spontanéité et réflexion qui clôt l'essai *Pyrrhus et Cinéas* constitue, sous une forme plus générale, le point de départ de l'essai suivant, *Pour une morale de l'ambiguïté* (1947) :

> « 'Le continuel ouvrage de notre vie, c'est bastir la mort', dit Montaigne. Il cite les poètes latins : *Prima, quae vitam dedit, hora carpsit.* Et encore : *Nascentes morimur.* Cette tragique ambivalence que l'animal et la plante subissent seulement, l'homme la connaît, il la pense. Par là un nouveau paradoxe s'introduit dans son destin. "Animal raisonnable", "roseau pensant", il s'évade de sa condition naturelle sans cependant s'en affranchir; ce monde dont il est conscience, il en fait encore partie. »[4]

Beauvoir veut réintroduire la notion d'ambiguïté au coeur de la réflexion sur la condition humaine :

> « (...) à chaque instant, en toute occasion, la vérité se fait jour : la vérité de la vie et de la mort, de ma solitude et de ma liaison au monde, de ma liberté et de ma servitude, de l'insignifiance et de la souveraine importance de chaque homme et de tous les hommes. Il y a eu Stalingrad et Buchenwald et aucun des deux n'efface l'autre. Puisque nous ne réussissons pas à la fuir, essayons donc de regarder en face la vérité. Essayons d'assumer notre fondamentale ambiguïté. C'est dans la connaissance des conditions authentiques de notre vie qu'il nous faut puiser la force de vivre et des raisons d'agir. »[5]

---

3. Ibid., 367.
4. PMA, 9.
5. Ibid., 12-13.

La prise de conscience de la nécessité de redonner à "l'ambiguïté" la place qui lui revient est inextricablement liée chez Beauvoir à une réflexion sur les limites de la philosophie. Prétendre introduire — ou réintroduire — le concept d'ambiguïté au coeur de celle-ci, ce n'est pas en effet seulement défendre un certain point de vue philosophique, c'est en même temps stigmatiser les faiblesses d'une discipline qui n'a que trop tendance à se cantonner dans certains choix de forme et de contenu, à ne traiter que certains aspects de la condition humaine, tout en prétendant détenir et contenir toute la vérité — et ce n'est sans doute pas un hasard si, par-delà son contenu, c'est par une citation de Montaigne, cet écrivain qui a fait de la philosophie presque sans le savoir et écrit une œuvre non pas "faite", mais "se faisant, "toujours en apprentissage et en épreuve", qu'elle lance la polémique. Dès le début de ce second essai, elle n'hésite pas à accuser les philosophes d'avoir largement contribué à occulter l'ambiguïté fondamentale de la condition humaine :

« Depuis qu'il y a des hommes et qu'ils vivent, ils ont tous éprouvé cette tragique ambiguïté de leur condition; mais depuis qu'il y a des philosophes et qu'ils pensent, la plupart ont essayé de la masquer. Ils se sont efforcés de réduire l'esprit à la matière, ou de résorber la matière dans l'esprit, ou de les confondre au sein d'une substance unique (...) ».

Il y a certes "ceux qui ont accepté le dualisme", mais alors ils ont établi

« entre le corps et l'âme une hiérarchie qui permettait de considérer comme négligeable la partie de soi-même qu'on ne pouvait pas sauver. Ils ont nié la mort soit en l'intégrant à la vie, soit en promettant à l'homme l'immortalité; ou encore ils ont nié la vie, la considérant comme un voile d'illusion sous lequel se cache la vérité du Nirvâna. Et la morale qu'ils proposaient à leurs disciples poursuivait toujours le même but : il s'agissait de supprimer l'ambiguïté en se faisant pure intériorité ou pure extériorité, en s'évadant du monde sensible ou en s'y engloutissant, en accédant à l'éternité ou en s'enfermant dans l'instant pur. »[6]

Sartre n'a pas dérogé à la règle. Si "c'est par l'ambiguïté que dans *L'Etre et le Néant* Sartre définit fondamentalement l'homme", il a finalement, par la réflexion, surtout "fait surgir le néant", et c'est, comme le note Beauvoir, "sur le côté manqué de l'aventure humaine (qu'il) insiste; ce n'est que dans les dernières pages qu'il ouvre les perspectives d'une morale"[7]. Et ce n'est pas sans circonspection qu'elle ajoute : "Pourtant, si l'on médite ses descriptions de l'existence, on s'aperçoit qu'elles sont loin de condamner l'homme sans recours."[8] Propos on ne peut plus nuancés. Ainsi, en écrivant sa *morale de l'ambiguïté*, Beauvoir veut "ouvrir les perspectives" que Sartre a négligées. Dans un certain sens, il s'agit donc de *prolonger* l'œuvre sartrienne — de la prolonger cependant sur "des bases positives"[9], c'est-à-dire en quelque sorte de rétablir l'équilibre entre les pôles de l'ambivalence en réintroduisant le côté par trop négligé, l'autre côté, le côté"positif"[10]. Nous avons déjà vu, à propos de *Pyrrhus et Cinéas*, combien cette "méditation" des descriptions sartriennes peut mener à des propositions radicalement différentes. Le prolongement se fait *en opposition*; l'opposition néanmoins ne s'essaie pas à défaire ce qui a été fait avant elle. Entre *Pyrrhus et Cinéas* et *Pour une morale de l'ambiguïté* cependant, Beauvoir a franchi un pas dans la réflexion : elle a, semble-t-il, trouvé une réponse au problème que lui posent son adhésion *et* son opposition aux thèses de Sartre; cette réponse lui permet de concilier ses positions avec celles du philosophe tout en maintenant les différences, les oppositions.

---

6. PMA, 10-11.
7. PMA, 13 et 15.
8. Ibid.
9. FDA, 628.
10. PMA, 18.

Réintroduire la notion d'ambiguïté ne lui permet pas seulement de comprendre et de justifier — voire de théoriser — sa position par rapport à Sartre. Elle lui permet également de se replacer à l'intérieur d'une famille de pensée, l'existentialisme, dont Sartre est un élément parmi d'autres. En rappellant l'importance de la notion d'ambiguïté, devenu un concept central, dans la pensée de l'existentialisme, elle souligne le rôle fondateur de Kierkegaard :

« L'existentialisme s'est défini dès l'abord comme une philosophie de l'ambiguïté; c'est en affirmant le caractère irréductible de l'ambiguïté que Kierkegaard s'est opposé à Hegel ».[11]

Si elle se rallie à Kierkegaard et surtout à sa conception de l'ambiguïté, cela ne l'empêche pas toutefois de se servir abondamment de Hegel, auquel pourtant, comme elle le note elle-même, Kierkegaard s'est opposé. Elle remarque au début de *Pour une morale de l'ambiguïté* que Hegel "très ingénieusement a prétendu ne refuser aucun des aspects de la condition humaine et tous les concilier"[12]. Elle va donc se servir de la dialectique hégélienne pour rétablir l'équilibre entre les pôles constitutifs de l'ambiguïté et surtout — car pour cela Kierkegaard aurait pu lui suffire — pour transformer "l'échec" en "succès"[13]. Elle affirme en effet que, bien que l'être de l'homme soit "manque d'être, il y a une manière d'être de ce manque qui est précisément l'existence. En termes hégéliens on pourrait dire qu'il y a ici une négation de la négation par quoi le positif est rétabli : l'homme se fait manque, mais il peut nier le manque comme manque et s'affirmer comme existence positive"[14]. Cependant la dialectique hégélienne ne peut être maintenue telle quelle. S'il s'agit, comme

---

11. Ibid., 13.
12. Ibid., 11.
13. Ibid., 16.
14. Ibid., 17-18.

Hegel, de concilier les contraires, ceux-ci doivent toutefois, comme pour Kierkegaard, rester irréductibles :

> « (...) chez Hegel les termes dépassés ne sont conservés que comme des moments abstraits, tandis que nous considérons que l'existence demeure encore négativité dans l'affirmation positive d'elle-même; et elle n'apparaît pas à son tour comme le terme d'une synthèse ultérieure : l'échec n'est pas dépassé, mais assumé; l'existence s'affirme comme une absolu qui doit chercher en soi sa justification et non pas se supprimer, fût-ce en se conservant. »[15]

Ainsi arrive-t-elle finalement à définir sa propre conception, une autre voie, unique, la sienne :

> « Pour atteindre sa vérité l'homme ne doit pas tenter de dissiper l'ambiguïté de son être, mais au contraire accepter de la réaliser : il ne se rejoint que dans la mesure où il consent à demeurer à distance de soi-même. »[16]

L'homme doit concilier les contraires tout en les conservant; il ne peut donc "se rejoindre", c'est-à-dire accéder à l'unité, que dans le *mouvement entre* des pôles distincts *ne coïncidant* jamais. Le terme d'ambiguïté retrouve ici tout le poids de son étymologie — loin du sens dérivé et péjoratif qu'il a dans notre vocabulaire quotidien : il s'agit bien "d'aller" et de "faire" entre les éléments d'un couple de contraires.

L'on voit finalement comment, autour de la notion d'ambiguïté se constitue et s'organise la cohérence de la pensée beauvoirienne. En ce qui concerne son rapport à Sartre tout d'abord : il s'agit bien d'un lien absolument nécessaire, qui doit rester habité cependant par une nécessaire distance. Le concept d'ambiguïté lui permet par ailleurs de resituer l'existentialisme au sein d'une famille de pensée, d'un réseau de convergences et de divergences dans lequel Sartre joue un rôle essentiel mais

---

15. Ibid., 18.
16. Ibid., 18.

partagé. Elle lui permet enfin, sans prétendre annoncer la mort de la philosophie, de montrer certaines de ses limites et de justifier sa propre façon d'en faire. Elle prend chez les philosophes qui l'intéressent, que ce soit Hegel, Sartre ou Kierkegaard, ce dont elle a besoin, ce qui lui convient, puisqu'elle ne peut se satisfaire d'aucun d'eux. Elle prend, puis "elle décroche et bifurque" au moment voulu. Michèle Le Dœuff caractérise très bien cette "technique de réintroduction qui bouleverse la structure"[17]. En définitive, le système est sapé de l'intérieur. Il reste des *idées-force*, qui ne peuvent, qui ne doivent être organisées en système. La voie beauvoirienne est énoncée - il resterait à démontrer ce qu'on pressent ici : comment elle a pu influencer le Sartre de *L'existentialisme est un humanisme*, par exemple.

Beauvoir a fait œuvre philosophique, mais elle l'a fait *autrement*. C'est pourquoi il me semble faux d'affirmer qu'elle a fait du "bricolage" philosophique, ou qu'elle fut une philosophe "formidablement cachée"[18]. Ce qui compte pour elle, c'est d'atteindre la réalité, l'existence concrète; la philosophie ne vaut que dans la mesure où elle lui permet de rejoindre ce but. Elle ne fait pas que "bricoler" les systèmes philosophiques existants : elle relativise leur valeur et transgresse leurs frontières. Si elle est peu respectueuse de leur cohérence, c'est que celle-ci ne peut être, selon elle, qu'artificielle. Ce qui choque, je crois, c'est cela : elle ose les dépouiller de leur caractère sacro-saint et prendre ici et là ce dont elle a besoin! Elle les considère comme un moyen et non comme une fin, et c'est moins dans la réflexion que dans l'expérience qu'elle découvre leurs failles.

Ainsi, comme on a pu le constater, c'est la situation particulière et spécifique de la femme, la prise en compte "des moyens concrets" dont elle ne dispose pas pour se constituer en

---

17. Michèle Le Dœuff, *L'Etude et le Rouet*, op. cit., p. 124.
18. Ibid., 157.

sujet, qui permet à Beauvoir, dans *Le Deuxième Sexe*[19], de
dévoiler finalement les limites de la thèse hégélienne du conflit
originel des consciences, auquel elle se réfère d'ailleurs,
remarquons-le, comme si Sartre ne l'avait pas remplacée, en
passant par Heidegger, par sa propre théorie du refus de la
contemporanéité des contraires.

Ces limites de la thèse hégélienne, Beauvoir les démontre
par-dessus tout dans la *praxis* de son œuvre et de sa vie : elle qui
eut "les moyens concrets" de se constituer en sujet et d'exiger la
réciprocité, elle le fit, et l'on sait avec quelle force et quelle
opiniâtreté, mais cependant *sans* hostilité. Sans détruire, sans
rechercher le challenge. Dans l'expression de sa pensée comme
dans l'exercice de sa vie, dans le rapport à l'autre et à l'autre
œuvre, elle invalide doublement toutes les théories jetant
l'anathème sur l'autre et toutes celles qui considèrent qu'il
n'existe qu'une seule alternative : l'assimilation ou l'exclusion.
Inventant peut-être une autre voie pour "changer le monde"...

Dans *La Force de l'âge*, elle conclut ainsi son commentaire
sur sa première œuvre philosophique, *Pyrrhus et Cinéas* :

« Ce dialogue entre Pyrrhus et Cinéas rappelle celui qui se
déroula de moi-même à moi-même et que je notai sur mon carnet
intime, le jour où j'entrai dans ma vingtième année; dans les deux
cas, une voix demandait :"A quoi bon?" En 1927, elle avait
dénoncé la vanité des occupations terrestres au nom de l'absolu et
de l'éternité; en 1943, elle invoquait l'histoire universelle contre
la finitude des projets singuliers : toujours elle invitait à
l'indifférence et à l'abstention. Aujourd'hui comme hier la réponse
était la même : j'opposai à la raison inerte, au néant, au tout
l'inéluctable évidence d'une affirmation vivante. S'il m'a paru si
naturel de me rallier à la pensée de Kierkegaard, à celle de Sartre,
et de devenir "existentialiste", c'est que mon histoire m'y
préparait; dès l'enfance mon tempérament m'avait portée à faire
crédit à mes désirs et à mes volontés; parmi les doctrines qui
intellectuellement m'avaient formée, j'avais choisi celles qui
fortifiaient cette disposition; déjà, à dix-neuf ans, j'étais persuadée

19. *Le Deuxième Sexe*, I, 21 et 31.

qu'il appartient à l'homme, à lui seul, de donner un sens à sa vie, et qu'il y suffit; cependant je ne devais jamais perdre de vue ce vide vertigineux, cette aveugle opacité d'où émergent ses élans. »[20]

L'on voit ici combien l'ambiguïté de son ralliement à Sartre et à l'existentialisme a pour origine l'ambivalence de son propre sentiment vis-à-vis de l'existence. Si elle n'a jamais renié Sartre, si elle ne s'est jamais opposée publiquement à lui, c'est qu'il exprimait en partie — mais en partie seulement — sa conception de la vie. S'opposer à Sartre serait revenu à se détruire elle-même, à s'auto-mutiler. Mais il était tout aussi nécessaire de redonner sa place à "l'inéluctable évidence d'une affirmation vivante" qui s'imposait à elle. C'est entre les pôles de cette double nécessité qu'elle n'a jamais cessé d'évoluer.

Redonner sa place à "l'affirmation vivante", en matière de philosophie, signifia pour elle démystifier une certaine forme de philosophie, trop imbue d'elle-même, trop refermée sur elle-même, trop auto-suffisante, qui, sous prétexte de décrire le monde, finit par prétendre se substituer à lui. Ce fut en outre trouver ou retrouver le chemin qui menait à une philosophie plus spontanée, plus consciente de ses limites, plus préoccupée de la vie que d'elle-même, plus ouverte sur les autres formes d'écriture que sur la cohérence de son propre système. Et peut-être même plus proche de la parole que de l'écriture. Ce n'est pas un hasard si c'est par le dialogue que Beauvoir fit son entrée en philosophie, que ce soit dans le dialogue de Pyrrhus à Cinéas, ou d'elle-même à elle-même, ou encore dans le dialogue avec Sartre. Et je crois que la philosophie, pour elle, devait toujours rester une manière de dialogue : pour essayer de se rejoindre, de concilier ce qui en elle risquait d'être inconciliable. Cela resta toujours un dialogue avec Sartre, de personne à personne, et d'œuvre à œuvre. Cela fut aussi toujours un dialogue entre les

---

20. FDA, 629.

différentes œuvres de Beauvoir, par-delà les distinctions de genre. Le dialogue n'existe que s'il y a controverse (et donc "ambiguïté"); mais il cesse quand la controverse dégénère en hostilité. Le dialogue fut pour elle une figure du face-à-face dont elle fit, sous toutes ses formes, nous le verrons, la représentation idéale du rapport à l'autre. Non, ce n'est pas la mort de la philosophie que Beauvoir souhaitait. Mais peut-être bien son retour à ses origines. Et si elle n'a pas manqué de minimiser, ainsi que nous l'avons constaté souvent, l'importance des différences qui l'opposaient à Sartre, c'est qu'elle craignait sans doute que ces différences prissent trop d'importance, qu'elle ne pût plus en maîtriser l'impact, que pût être franchie la frontière au-delà de laquelle le dialogue deviendrait impossible. On a vite fait, dans la civilisation occidentale qui est la nôtre, d'ériger un mur entre les contraires.

De l'un et l'autre côté du miroir

ou l'androgyne réinventé

Face à son malaise dans la philosophie, et puisque la philosophie ne peut lui suffire, Simone de Beauvoir va explorer une autre voie pour exprimer le rapport à l'autre tel qu'elle l'invente et le rêve : la représentation symbolique au sein de l'œuvre littéraire. Comme si elle approchait de l'indicible, comme si ce à quoi elle voulait donner forme ne pouvait être exprimé par la rationalité philosophique, comme si le *logos* du philosophe ne suffisait pas et qu'il fallait recourir au *mûthos*, retrouver les vestiges de la pensée pré-logique que véhicule le mythe, ou retrouver le mythe comme "source du rationnel et de l'imaginaire"[1], c'est-à-dire revenir aux origines communes de la philosophie et de la littérature avant que ne s'opère la séparation entre les deux.

Un mythe, depuis fort longtemps, est situé à l'articulation de l'une et de l'autre : le mythe de l'androgyne. Plus que tout autre, ce mythe entretient un rapport à la fois étroit et ambigu à la philosophie. S'il est vrai que Platon, dans *Le Banquet*, a emprunté la fable d'Aristophane à une tradition antérieure, orphique-babylonienne, ou même védique[2], il l'a "si soigneusement intégré(e) dans l'appareil du dialogue philosophique, où (elle) (vient) relayer un ordre de raison autonome, qu'(elle) semble, ainsi déplacée, ne plus rien avoir de

---

1. Catherine Clément, *Miroirs du sujet*, UGE, 1975, p. 29.
2. Cf. Jean Libis, *Le Mythe de l'androgyne*, Paris, Berg International Editeurs, 1980, p. 15.

commun avec le discours des autres, (...) les fictions scandaleuses"[3] dénoncées par le savoir philosophique qui entreprend de raconter ses propres *mythes*. L'Androgyne en soi n'intéresse d'ailleurs guère Platon; il ne lui sert qu'à expliquer l'existence des différentes formes d'amour, étant entendu que la "meilleure", la seule qui soit vraiment au coeur de ses préoccupations, est la plus "virile", celle qui cherche à réunir les deux moitiés masculines d'un même être originel. Cependant, bien que maîtrisé et assimilé comme "figure de la mutation entre pré-logique et rationnel"[4], le mythe résista à toute tentative ultérieure, post-platonicienne, d'intégration rationnelle; et ce fut par la suite toujours en marge de l'orthodoxie philosophique qu'il réapparut, dans des préoccupations para-philosophiques — gnostiques, théosophiques, alchimiques, littéraires (et en particulier romantiques) —, en outre le plus souvent privé de tout rapport, pourtant originel, à la sexualité. Certes, cette position marginale par rapport à la philosophie, accompagnant et relativisant, voire infirmant, la pensée dominante, n'était pas, pour les raisons analysées précédemment, pour déplaire à Simone de Beauvoir, et cela semble très bien correspondre au rapport, très ambigu, qu'elle entretint elle-même à la philosophie. En recourant à ce mythe, elle accomplit en quelque sorte le chemin inverse de celui qu'initia Platon : partant de la pensée rationnelle constituée, elle tente de retrouver ce qui subsiste ou peut subsister d'une pensée pré-rationnelle des origines.

Cependant, même si l'on commence à en comprendre les raisons, l'on sera sans doute surpris, dans un premier temps au moins, de trouver affirmé ici que Simone de Beauvoir réactualise et "recharge" de vieux mythes. On sait en effet avec quelle fougue elle les stigmatisa et entreprit de les *démystifier* dans *Le Deuxième Sexe* : c'est à la suite d'une étude entreprise sur les

---

3. Marcel Detienne, *L'Invention de la mythologie*, Paris, Gallimard, 1981, p. 156.
   4. Ibid., p. 211.

mythes que se développa l'idée d'écrire cette œuvre; les bilans historiques et biologiques qui en constituent les deux premières parties ont été conçus *a posteriori* pour expliquer quelle réalité recouvrent les images mythiques. L'idée directrice de Beauvoir était qu'il fallait ébranler, renverser même, les mythes existants pour que la condition féminine pût changer, puisque "tous les mythes de la création, et entre autres la légende de la Genèse, qui, à travers le christianisme, s'est perpétuée dans la civilisation occidentale, expriment cette conception précieuse au mâle" qui fait apparaître la femme "comme l'inessentiel qui ne retourne jamais à l'essentiel, comme l'Autre absolu, sans réciprocité"[5]. Cependant ce qu'elle dénonce dans son célèbre essai, c'est bien moins le mythe en soi, comme expression des *projets* du sujet, que la forme existante du mythe qui fait d'une "catégorie humaine" quelle qu'elle soit un "objet" ou une "idole"[6]. C'est le mythe en tant qu'objet de pouvoir qu'elle stigmatise, le mythe en tant qu'outil de domination patriarcale, visant à maintenir la femme dans un état de dépendance, servant sous de faux prétextes les seuls intérêts économiques et sociaux du mâle. Car même quand elle est idolâtrée, la femme y apparaît toujours comme l'Autre inessentiel; sa conscience ne se pose jamais en sujet souverain et ne se choisit jamais, dans le meilleur des cas, que parmi les rôles que l'homme a codés pour elle. Ce que Simone de Beauvoir a à coeur de montrer, c'est que le mythe est devenu, dans la plupart des cas, un outil visant à illustrer et perpétuer la vision du monde d'une *partie* seulement de l'humanité, celle qui détient le pouvoir, le patriarcat. C'est "l'absence de réciprocité"[7] qui a perverti le mythe. Mais Beauvoir n'exclut pas qu'une "nouvelle forme d'érotisme soit en train de naître" qui "engendrera peut-être de nouveaux mythes"[8].

---

5. *Le Deuxième Sexe*, I, 233.
6. Ibid., I, 234.
7. Edwige Chabran, in: *Images de femmes*, Centres d'Etudes Féminines de l'Université de Provence, Aix-en-Provence, 1982, p. 42.
8. *Le Deuxième Sexe*, I, 395.

Le mythe de l'androgyne est certes fort ancien, probablement un des plus anciens, ce que l'on appelle un mythe fondateur, mais il diffère de tous les autres en ceci que, loin de jeter l'anathème sur l'altérité, il fait de la nécessaire coprésence de l'un et de l'autre le postulat constitutif de son identité. L'androgyne *est* le même et l'autre, l'identique et le différent, le masculin et le féminin, réunis en un. On peut même dire que, dans l'androgyne, le couple masculin/féminin est conçu comme le prototype même de l'altérité. L'androgyne pose et résout en soi le problème de la coexistence, de l'égalité et de la réciprocité des contraires. "Suivant l'étymologie, 'androgyne' transcrit en français le composé qui, en grec ancien, associe de façon paradoxale deux substantifs désignant les pôles d'une opposition irréductible *aner-andros* (homme) et *gunê-gunaïkos* (femme)"[9]. "L'androgyne est par excellence la figure de l'ambiguïté"[10].

Le mythe connaîtra de multiples variations qui refléteront l'hégémonie grandissante du patriarcat. Au fur et à mesure de l'évolution, la dimension sexuelle du mythe est peu à peu réduite jusqu'à être finalement totalement passée sous silence, une façon comme une autre de dévaloriser, ou tout au moins d'occulter le féminin, puisque le neutre est assimilé à l'humain, c'est-à-dire encore au masculin. Ceci explique peut-être le fait que Beauvoir n'ait pas réservé de place à part à l'androgyne dans ses considérations théoriques sur les mythes en général. En tout cas, c'est dans la plénitude de son ambiguïté qu'il va réapparaître chez elle, c'est-à-dire beaucoup plus proche, symboliquement au moins, de la vision archaïque d'un être double et doublement puissant, que des androgynes asexués tels que la littérature de l'antiquité classique et des temps modernes nous les ont légués.

---

9. Luc Brisson, "La Bisexualité dans l'Antiquité gréco-romaine", *Les Cahiers de l'Hermétisme,* "L'Androgyne", 1986, p. 30.

10. Jean Libis, "L'Androgyne et le nocturne", *Les Cahiers de l'Hermétisme,* "L'Androgyne", p 12.

Est-ce là un parti pris délibéré? S'il paraît impossible de penser que Beauvoir n'ait pas connu le mythe dans l'une ou l'autre de ses versions (et en particulier dans la version platonicienne), il est tout aussi difficile d'affirmer qu'elle l'emprunte consciemment à telle ou telle tradition. On ne trouve, nulle part dans ses écrits de trace d'une volonté explicite et programmée de ré-écriture du mythe. Tout ce que l'on peut constater, c'est que le mythe réapparaît dans son œuvre sous une forme différente et unique correspondant à une imagination et à des aspirations particulières; mais il est indéniable qu'il renaît, resurgit, sur le terreau millénaire de toute une tradition véhiculée par la culture. Beauvoir retrouve, re-dé-couvre, un très vieux mythe de l'humanité *et* le réinvente. C'est sans doute une des particularités et une des richesses de ce mythe que d'exprimer une donnée de la nature et de l'esprit humains aux confins du conscient et de l'inconscient, du particulier et du général, de l'individuel le plus intime et du collectif, du biologique et du culturel. C. G. Jung a reconnu en lui un archétype, l'expression d'une pulsion fondamentale et originelle de l'homme. Aujourd'hui, on ne parle plus guère d'androgynat mais plutôt de bisexualité : la réalité humaine sous-jacente est la même, mais c'est essentiellement par l'intermédiaire des sciences, et non du mythe, qu'elle se fait jour. Marie Delcourt, dans un ouvrage qui fait référence, qualifie l'Hermaphrodite de "*mythe pur*, né dans la pensée de l'homme cherchant à tâtons sa place dans le monde et projetant la représentation la plus capable à la fois de rendre compte de ses origines et de symboliser quelques-unes de ses aspirations"[11]. Je crois que cette définition peut très bien s'appliquer à la position de Simone de Beauvoir, cherchant en effet "à tâtons" à définir et redéfinir sa place et celle de la femme en général dans le monde moderne.

---

11. Marie Delcourt, *Hermaphrodite. Mythes et rites de la bisexualité dans l'Antiquité classique*, Paris, PUF, 1958, p. 1.

4

La femme au miroir

Pour que l'androgynat avec l'autre puisse être vécu, pour que puisse être découverte la possibilité de nouer avec lui des rapports androgynes, il faut s'être mis au monde soi-même, avoir accédé à une identité solide et authentique, et si possible non fragmentaire, c'est-à-dire avoir rencontré *en soi* la puissance potentielle de l'androgyne. L'affirmation de l'androgyne à l'époque moderne passe donc nécessairement en premier lieu par la quête féminine d'une identité non aliénée de soi par soi. Se faisant ainsi le sujet de sa quête d'identité, il arrive parfois que la femme découvre ou redécouvre des "mondes d'idées"[1] enfouis sous les alluvions de siècles de dévalorisation du féminin.

C'est très souvent dans le miroir que les héroïnes de Beauvoir découvrent ou retrouvent la confiance en soi et prennent conscience de leur *puissance*, bien que l'écrivain n'ait cessé de dénoncer le narcissisme dans l'acception courante ou psychanalytique du terme comme fixation à l'amour de soi. Mais le regard dans le miroir ne peut être réduit à ce seul aspect; c'est tout au moins ce qu'il apparaît nettement lorsqu'on considère la richesse et la fréquence de ce motif dans son œuvre. Le regard dans le miroir, tel que l'auteur nous le donne à voir, n'est pas nécessairement le fait d'une femme qui s'abîme dans la contemplation de son propre reflet : Narcisse peut chercher à aller au-delà du tain du miroir, à franchir la frontière qui le sépare de cet autre soi-même de l'autre côté. Il arrive parfois que Narcisse rencontre bien plus qu'un pâle reflet de soi. Y aurait-il là une façon plus spécifiquement féminine d'accéder à l'identité?

---

1. Rimbaud, Lettre à Pierre Demeny, 15 mai 1871, cité dans *Le Deuxième Sexe*, II, 559.

Quand Narcisse est une femme, ce qu'il/elle découvre — peut découvrir — dans le miroir, c'est qu'il y a *l'autre* de l'autre côté.

Le regard narcissique ou de certaines limites de l'approche théorique

La dénonciation du narcissisme au sens habituel, c'est-à-dire *grosso modo* freudien, du terme, est sans ambiguïté dans l'œuvre de Simone de Beauvoir, qu'il s'agisse de l'œuvre théorique, narrative ou autobiographique. Cependant, tandis que l'œuvre théorique s'arrête à cette dénonciation, l'œuvre de fiction va beaucoup plus loin.

On sait que Beauvoir consacre tout un chapitre du *Deuxième Sexe* (*La narcissiste*)[2] à la dénonciation du narcissisme féminin. Il s'agit pour elle, dans une perspective non pas psychanalytique mais existentielle, non seulement de stigmatiser l'attitude narcissique en tant qu'aliénation de l'identité, mais aussi et surtout de souligner et de dénoncer les raisons culturelles et économiques du narcissisme, infirmant ainsi l'idée préconçue et trop souvent consensuelle — ou au contraire se voulant nouvelle et révolutionnaire dans la valorisation du féminin — selon laquelle le narcissisme serait l'attitude "fondamentale" (autrement dit : naturelle) de la femme. Pour Beauvoir, il ne s'agit que d'un processus d'aliénation parmi d'autres, qui se distingue seulement par le fait de toucher plus les femmes que les hommes, parce que les "circonstances" s'y prêtent :

« On a prétendu parfois que le narcissisme était l'attitude fondamentale de toute femme (...). En fait, le narcissisme est un processus d'aliénation bien défini : le moi est posé comme fin absolue et le sujet se fuit en lui. (...) Ce qui est vrai, c'est que les

---

2. Cf. *Le Deuxième Sexe*, II, 459-476.

circonstances invitent la femme plus que l'homme à se tourner vers soi et à se vouer son amour. »[3]

L'analyse que fait Beauvoir dans ce chapitre a beaucoup vieilli : il faut se souvenir, pour comprendre l'affirmation selon laquelle "les circonstances invitent la femme plus que l'homme" au narcissisme, que le livre fut écrit il y a presque cinquante ans. Depuis la situation de la femme a tout de même changé... Il lui est devenu possible de "s'accomplir à travers des projets et des buts", et donc moins nécessaire "de se saisir dans l'immanence de sa personne". Mais ce n'est pas seulement en cela que l'analyse a vieilli : on attendrait autre chose, par exemple une discussion des thèses freudiennes — du mythe interprété par Freud —, ou bien une autre approche du narcissisme, ou encore un dévoilement autre du mythe ... Rien de cela : si elle place le narcissisme dans son contexte situationnel, elle ne s'interroge pas sur la signification de l'annexion du mythe par la pathologie mentale, ni sur la double dévalorisation que signifie d'une part cette annexion et d'autre part le déplacement du masculin au féminin, puisque, bien que Narcisse soit un éphèbe dans le mythe, le narcissisme, comme perversion, est considéré comme étant le triste apanage du féminin. Elle ne s'insurge même pas contre ce fait; au contraire, elle le confirme. Il semble en outre que le narcissime tel qu'elle le traite dans son essai n'ait plus rien à voir avec le mythe.

Dans ce même chapitre consacré à "la narcissiste" elle évoque également le lien qui existerait entre le narcissisme et une certaine forme de littérature féminine :

« (...) la narcissiste en s'aliénant dans son double imaginaire s'anéantit. Ses souvenirs se figent, ses conduites se stéréotypient, elle ressasse des mots, répète des mimiques qui se sont peu à peu vidés de tout contenu : de là vient l'impression de pauvreté que

3. Ibid., 459.

donnent tant de "journaux intimes", ou "d'autobiographies féminines"; tout occupée à s'encenser la femme qui ne fait rien ne se fait rien être et encense un rien. »[4]

De nouveau, Beauvoir ne s'en prend ici qu'à la femme qui apparaît en quelque sorte comme la représentante par excellence du narcissisme en littérature. Une analyse un peu plus approfondie sur les rapports que la femme entretient à la littérature n'aurait pas été hors de propos; on ne peut s'empêcher de penser qu'elle escamote le sujet. Sa condamnation de "l'autobiographie féminine" ou tout au moins le lien qu'elle établit entre autobiographie féminine et narcissisme est pour le moins un peu rapide et arbitraire; et l'on ne comprend pas très bien ce qui distingue la forme "féminine" de l'autobiographie de l'autobiographie en général, ni ce en quoi une autobiographie non féminine (masculine?) serait moins narcissique que celles stigmatisées ici. Soulever le thème des rapports entre littérature et narcissisme ne peut pas se faire inconsidérément. Cependant Beauvoir poursuit de façon tout aussi lapidaire :

« Il ne saurait y avoir de relation réelle entre un individu et son double parce que ce double n'existe pas. La narcissiste subit un radical échec. Elle ne peut se saisir comme totalité, plénitude (...) »[5.]

Certaines limites de l'analyse théorique apparaissent ici clairement. Certes, Beauvoir est prisonnière de son cadre et de son propos, condamnée à convaincre, à démontrer, à dénoncer; certes, elle privilégie ici la force de la détermination au détriment de la complexité et de l'ambiguïté de réalités que seule la représentation symbolique telle qu'elle apparaît dans l'œuvre narrative donneront à voir. On sait quelle est la dimension iconoclaste, pamphlétaire, du *Deuxième Sexe*. Il s'agit non

---

4. Ibid., 474.
5. Ibid., 475.

seulement de dénoncer les situations qui amènent la femme plus que l'homme, ainsi qu'elle le prétend, à avoir un comportement narcissique; mais aussi et surtout de provoquer chez les femmes le sursaut nécessaire au changement. Cependant, il n'en reste pas moins qu'à la fin de ce chapitre sur "la narcisssiste", on est plus que jamais convaincu que, quelles qu'en soient les raisons, le narcissisme *est* avant tout féminin, et minces sont les indices qui nous autorisent à penser que Beauvoir puisse en renouveler la vision ou la compréhension.

Le dépassement du narcissisme ou de la nécessité des deux registres

L'erreur des narcissistes est de s'être arrêtées à l'amour de soi, et de s'être aliénées dans un double flatteur au lieu de rechercher le double authentique caché en soi :

« Dans le culte de son moi, l'adolescente peut puiser le courage d'aborder l'avenir inquiétant; mais c'est une étape qu'il faut vite dépasser; sinon l'avenir se referme. »[6]

"L'avenir se referme" : voilà lancée la phrase essentielle, au-delà de laquelle l'auteur, ici, ne se risque pas. Si Beauvoir dénonce avec la virulence à la fois surprenante, équivoque et contestable que l'on a vue, le narcissisme féminin, c'est que, dans sa vision, il détourne la femme de la voie de l'avenir. Mais ce qui n'est qu'esquissé dans la citation ci-dessus et qui constitue en fait la trame cachée, le filigrane de tout le chapitre, c'est-à-dire le lien entre le narcissisme et le culte du passé et de la mort, ne sera développé que dans l'œuvre de fiction, qui, elle, retrouve le lien originel, c'est-à-dire donné dans le mythe, et dans le mythe uniquement, entre Narcisse et la mort.

---

6. Ibid., 474.

Les personnages narcissiques ont perdu en effet, dans les romans de Beauvoir, tout contact vivant avec la réalité; en choisissant de se soustraire à l'amour, à l'amour de l'autre, ils passent à côté de la vie, sont en quelque sorte des morts-vivants, des Narcisse languissant sur la rive, beaux et immobiles comme l'éternité, des œuvres d'art : la vie les a abandonnés. Cela est particulièrement vrai de la comédienne Régine, au début de *Tous les hommes sont mortels*. En mal d'amour, plus très sûre ni d'elle-même ni de son identité, elle s'abandonne au culte de sa beauté et pense pouvoir combler à elle seule le vide qu'elle ressent :

> « Elle sortit une petite glace de son sac et feignit de rectifier l'arc de ses lèvres; elle avait besoin de se voir; elle chérissait son visage; elle aimait la nuance vivante de ses cheveux blonds, la dureté hautaine du grand front et du nez, l'ardeur de sa bouche, la hardiesse de ses yeux bleus; elle était belle, d'une beauté si âpre et si solitaire qu'elle étonnait d'abord. "Ah! si seulement j'étais deux, pensa-t-elle, une qui parle et l'autre qui écoute, une qui vive et l'autre qui regarde, comme je saurais m'aimer! Je n'envierais personne ».[7]

Le dédoublement dont elle rêve, dans lequel elle cherche une issue, n'est d'ailleurs ici qu'un palliatif inventé au manque de l'autre en face. Mais il n'a pas d'autre pouvoir que de confronter Régine à sa solitude, que de la couper du monde des vivants. "Un printemps neuf fleurissait, unique comme chaque printemps, et Régine était déjà morte"[8]. C'est ainsi qu'elle pourra succomber à la fascination de Fosca, l'immortel mort-vivant, perdu dans la contemplation du passé, de l'Histoire, celui pour qui la vie présente et à venir n'est plus qu'un châtiment. De façon remarquable chez Beauvoir, le ou la narcissiste ne fait pas que succomber à la fascination de son passé personnel, libidinal,

---

7. TLHSM, 16.
8. TLHSM, 17.

inconscient. Non seulement l'image que le miroir lui renvoie et grâce à laquelle il trouve, retrouve et construit son identité, est une fixation de soi, une obsession, une régression de soi au passé; mais de plus son moi tout entier apparaît, sous la plume de Beauvoir, comme une sorte d'effigie du passé. Camille, dans *La Force de l'âge*, narcissiste par excellence, ressemble, avec "ses cheveux torsadés" et "sa robe noire s'ouvr(ant) sur une guimpe aux manches gonflées" à "un tableau de la Renaissance"[9]. Le narcissisme occulte les liens qui relient l'individu à l'avenir. Le culte du moi restaure les belles images du passé.

En revanche, il est significatif que le personnage de Camille soit mis en scène par le Je de la narratrice au moment même où elle s'aperçoit de la nécessaire "reconquête" de soi. La narcissiste n'est pas seulement la représentation de ce que Beauvoir hait. Elle lui sert à prendre conscience de la non-existence de sa propre image; par contraste, elle lui renvoie l'image de son néant. Le narcissisme de Camille se trouve ainsi sauvé, en quelque sorte, par la fonction et la signification qu'il prend dans la vie de la narratrice : il provoque le nécessaire sursaut d'amour-propre qui la mènera sur le chemin de l'individuation :

« Ce témoignage émerveillé qu'elle portait sur elle-même, mon ironie ne l'entamait pas; seule une éclatante affirmation de moi eût rétabli l'équilibre. »[10]

« Au fur et à mesure que je regagnai ma propre estime, j'échappai à la fascination qu'elle avait d'abord exercée sur moi. »[11]

Même pour l'héroïne plus âgée des *Mandarins*, le miroir, au sortir d'une crise, joue son rôle dans la reconquête de l'identité :

---

9. FDA, I, 88.
10. FDA, I, 87.
11. FDA, I, 88.

il permet de "refaire surface", de reprendre pied, de retrouver une certaine confiance en soi après l'échec de l'amour :

> « En traversant le hall luxueux, je m'arrêtai devant une glace; c'était la première fois depuis des semaines que je me regardais en pied; je m'étais coiffée et maquillée en citadine, j'avais exhumé ma blouse en tissu indien; ses couleurs étaient aussi précieuses qu'à Chichiscastenango, je n'avais pas vieilli, je n'étais pas défigurée; ça ne m'était pas désagréable de retrouver mon image. Je me suis assise au bar, et je me suis rappelée avec surprise en buvant un martini qu'il existe des attentes paisibles et que la solitude peut être légère. »[12]

C'est un peu comme si la femme, en s'y regardant, ressurgissait de l'indifférenciation, ou comme si, sans miroir, elle risquait de sombrer dans l'indifférenciation. Le miroir est le lieu où elle *prend pied* dans une autre réalité, *sans perdre le contact* avec la réalité d'où elle vient. Le premier miroir ne fut-il pas celui de l'eau, au bord de la rive? Le regard dans le miroir est la possibilité de constituer son identité[13] ou de recouvrer la mémoire de l'identité :

> « (...) j'avais perdu tous mes souvenirs, et jusqu'à mon image : il n'y avait pas un miroir chez Lewis qui fût à la hauteur de mes yeux, je me maquillais à l'aveuglette dans une glace de poche; c'est à peine si je me rappelais qui j'étais, et je me demandais si Paris existait encore. »[14]

Quand le danger de la fixation à l'étape narcissique est dépassé, le regard dans le miroir apparaît donc chez Beauvoir comme fondateur ou consolidateur de l'identité. On voit ainsi dès à présent à quel point les œuvres narratives prolongent et

---

12. *Les Mandarins*, II, 419.
13. Nous le constaterons en outre dans *L'Invitée*.
14. *Les Mandarins*, II, 399-400.

élargissent le propos un peu étroit sur la question du *Deuxième Sexe*. Il apparaît clairement que, si cette dernière œuvre a pour mission de dénoncer le danger qu'il y aurait pour les femmes à se complaire dans un certain rôle hérité du passé, les œuvres de fiction, par la voie des représentations symboliques, ouvrent des pistes qui les mènent tout droit à ce que l'on peut espérer de l'avenir. On pourrait dire, en quelque sorte, dans ce cas précis au moins, que les œuvres de fiction commencent là où s'achève *Le Deuxième Sexe*. Ou bien encore que les différentes œuvres entretiennent entre elles ce que Beauvoir, nous invitant elle-même à ne pas isoler telle ou telle œuvre de l'ensemble, appelle "une espèce de dialectique" :

> « (...) pour comprendre d'après son œuvre la personnalité vivante d'un auteur, il faut se donner beaucoup de peine. Quant à lui, la tâche dans laquelle il s'engage est infinie, car chacun de ses livres en dit trop et trop peu. Qu'il se répète et se corrige pendant des dizaines d'années, il ne réussira jamais à capter sur le papier, non plus que dans sa chair et son coeur, la réalité innombrable qui l'investit. Souvent l'effort qu'il fait pour s'en approcher constitue, à l'intérieur de l'œuvre, une espèce de dialectique; dans mon cas, elle apparaît clairement. »[15]

Exprimée autrement, l'idée est la même dans *La Force des choses* :

> « Mes essais reflètent mes options pratiques et mes certitudes intellectuelles; mes romans, l'étonnement où me jette, en gros et dans les détails, notre condition humaine. Ils correspondent à deux ordres d'expérience qu'on ne saurait communiquer de la même manière. Les unes et les autres ont pour moi autant d'importance et d'authenticité; je ne me reconnais pas moins dans *Le Deuxième Sexe* que dans *Les Mandarins*; et inversement. Si je

---

15. FDA, 695.

me suis exprimée sur deux registres, c'est que cette diversité m'était nécessaire. »[16]

Certes, ce qui est dit ici est un peu vrai pour tout écrivain; toute œuvre doit être considérée à la fois comme un tout et comme une partie d'un tout. Cependant, l'œuvre de Beauvoir possédant au plus haut point toutes les qualités propres à soulever les plus violentes polémiques, il est bon parfois de s'en souvenir. Par ailleurs, il ne suffit pas, dans son cas, de considérer chaque œuvre comme une partie intégrante d'un ensemble plus grand; dire que les œuvres entretiennent entre elles des rapports de nature dialectique, c'est souligner qu'il existe entre elles une *tension* comme celle qui sépare et relie à la fois les termes opposés à l'intérieur d'une même entité. C'est cette dialectique qui fait la richesse et la complexité de l'œuvre de Beauvoir. On déforme et mutile l'œuvre dès que l'on perd de vue que la tension y est *permanente, fondamentale, structurante*. Et il est fort dangereux, je l'ai déjà souligné, de s'arrêter à telle ou telle œuvre pour appréhender tel concept ou tel motif.

Ainsi en est-il du narcissisme. Le regard dans le miroir est par excellence un lieu d'ambiguïté : sa valence est multiple, il est ce que l'on en fait, il est l'un et l'autre et le dépassement de l'un par l'autre. Par-delà la conception qui est exposée dans *Le Deuxième Sexe*, par-delà la représentation que nous venons d'analyser, le regard dans le miroir peut recouvrir, chez Beauvoir, une réalité bien plus vaste encore : il ne mène pas seulement à soi-même, *mais à l'autre*. Le miroir est pour elle, nous allons le constater, le lieu de la révélation conjointe de l'identité *et* de la différence; le lieu où l'identité se constitue *dans* le désir de l'autre. D'ailleurs, il semble bien que la légende de Narcisse telle que nous la connaissons et telle que Freud l'utilise pour fonder son analyse psychologique et psychanalytique ne

---

16. FDC, 342.

soit qu'une version du mythe parmi d'autres. Dans certaines versions, le mythe de Narcisse apparaît en effet dans un rapport de proximité troublante avec un autre mythe : celui de l'androgyne.

Narcisse et l'androgyne : une parenté troublante dans la quête interdite.

D'après une légende rapportée par Pausanias, Narcisse aurait eu une soeur jumelle, qui lui ressemblait à s'y méprendre, et dont il se serait épris. La jeune fille étant morte, c'est son image que Narcisse aurait cru voir en contemplant la sienne à la surface de l'eau. Ce ne fut donc pas, selon cette version, exactement avec soi-même que Narcisse chercha à s'unir en embrassant l'image sur le miroir de l'eau, mais avec l'autre à la fois identique et différent, avec soi appartenant à l'autre sexe, avec l'autre sexe en soi. Ainsi Narcisse subit-il la même apparition du principe féminin qu'Hermaphrodite, et comme lui, au bord de l'eau, élément constitutif essentiel des deux mythes. On sait en effet que le fruit des amours d'Hermès et d'Hermaphrodite, ainsi que nous le raconte la nymphe Alcithoé au IIIe livre des *Métamorphoses* d'Ovide (où l'on trouve par ailleurs la version "classique" de l'histoire de Narcisse), décida, lorsqu'il eut quinze ans, de partir à la découverte du monde et arriva finalement jusqu'à la source de Salmacis, près d'Halicarnasse. Là, la nymphe du lac le voit, s'éprend de lui et lui avoue son amour. Ne sachant que répondre, car son coeur n'a jamais parlé, il la tient à distance. Puis, croyant qu'elle s'est éloignée, il se baigne dans les eaux transparentes du lac. Elle, alors, s'élance à sa suite, "le saisit malgré sa résistance, lui ravit des baisers qu'il voudrait lui dérober, l'enlace dans ses bras, presse sa poitrine rebelle et, peu à peu, l'enveloppe tout entier de ses embrassements... Tel on voit le lierre s'enrouler au tronc des grands arbres; tel encore le poulpe déploie ses mille bras pour envelopper sa proie"....

De façon remarquable, Paul Valéry, dans *La Cantate de Narcisse*, retrouve le lien qui semble bien devoir unir les deux légendes[17]. Dans cette œuvre en effet, Narcisse croit voir sortir de l'onde son reflet, mais c'est en fait une nymphe qu'il a attirée à lui — et repousse avec horreur. "Narcisse, admirez d'autres charmes/ Que ceux dont vos soupirs n'obtiendront que vos larmes", lui dit la nymphe "devenue toute visible". "Je les vois. Je les hais...", répond Narcisse, Maudite soit l'erreur/ Qui me fit presque aimer ce qui me fait horreur!"[18] Tout est dit! A partir d'Ovide au moins, et qu'il s'agisse de Narcisse ou d'Hermaphrodite, l'apparition du principe féminin est, en règle générale, suspecte, dangereuse, fatale! Puisque l'autre risque d'être de l'autre sexe, il est repoussé avec horreur. *Le miroir de l'eau, le miroir, est devenu la frontière à ne pas franchir.* Sous peine de mort. Parce qu'il a osé contempler le miroir de l'eau et tenter de saisir le reflet qui s'y dessine, Narcisse, comme la nymphe Echo qu'il n'a su aimer, est peu à peu pétrifié, transformé "en une statue de marbre de Paros"[19], avant de se métamorphoser en la fleur qui porte son nom (la fleur étant elle-même par excellence une figure du féminin[20]). Quant à Hermaphrodite, c'est une autre sorte de mort qui lui est réservée : dans les bras de la nymphe Salmacis, il perd sa force virile, il se transforme en "semivir", en demi-mâle, car la venue à l'androgynat, vue par Ovide et son époque[21], est synonyme de féminisation, autrement dit de perte de puissance et d'identité.

---

17. On pourrait mentionner d'autres exemples, telle la comédie *Narcisse* de J. J. Rousseau.

18. Paul Valéry, *Poésies. Album de vers anciens. La jeune Parque. Charmes. Pièces diverses. Cantate de Narcisse*, Paris, Gallimard, 1961, p. 196.

19. Ovide, *Les Métamorphoses*, Paris, GF, 1966, p. 100.

20. Ce n'est pas un hasard si le narcisse, la fleur, était associé au culte de Déméter à Eleusis - culte et mystère dont le sens caché, selon Paul Diel (cf. *Le Symbolisme dans la mythologie grecque*, Paris, Payot, 1966, p. 197), consistait "dans la descente dans le subconscient en vue de libérer le désir refoulé (en vue de rechercher la vérité à l'égard de soi-même)".

21. Cela n'a pas toujours été le cas, j'y reviendrai.

Dans l'un et l'autre cas, le désir de l'autre, de passer de l'autre côté, de franchir la frontière invisible et transparente du miroir de l'eau, est puni : ou bien l'eau se ferme, se fige, pour ne plus renvoyer qu'une image elle-même pétrifiée, ou bien elle s'ouvre jusqu'à engloutir dans la fusion qu'elle lui offre celui qui s'y risque. Il n'y a pas d'autre alternative que fusion ou séparation. Qui oserait encore, dans ces conditions, risquer le passage de l'un à l'autre côté de la surface?

Lyriopé, "la nymphe azurée", la mère de Narcisse, demandant au devin interprète du destin si son fils "verrait les longues années d'une vieillesse prolongée", s'entendit répondre : "Oui, s'il ne se connait pas"[22]. Il apparaît ici clairement qu'il s'agit de détourner l'homme non pas seulement de l'amour de soi mais aussi et surtout de la connaissance de soi. Car se connaître soi-même, c'est aussi courir le risque de découvrir l'autre en soi. Narcisse ne doit pas devenir Hermaphrodite, androgyne. Narcisse est menacé de mort; Hermaphrodite de féminité. Le deuxième mal, on le sait, n'est pas le moindre! "Maudite soit l'erreur/ Qui me fit presque aimer ce qui me fait horreur!", dit le Narcisse de Valéry, au nom de tant d'autres. Au-delà de sa dimension psychologique, le mythe, revu par Ovide, en remplit une autre, culturelle : jeter l'anathème sur le principe féminin, qui risque de se révéler être une composante de l'homme. Cet interdit connut le bel avenir que l'on sait...

Ainsi, si nous distinguons habituellement les mythes d'Hermaphrodite et de Narcisse, certaines versions, certes marginales, témoignent qu'ils existent entre eux des affinités indéniables et que la ligne de démarcation n'est peut-être pas aussi nette qu'on a l'habitude de le penser. Appréhendé dans cette parenté, on voit que l'interprétation freudienne ou ce que nous entendons généralement par "narcissisme" ne semble être qu'une interprétation parmi d'autres du mythe, une interprétation qui met l'accent sur le danger de la fixation à l'amour de soi,

---

22. Ovide, op. cit., p. 98.

mais occulte toute une dimension du mythe, qui se révèle être également un mythe de la quête de l'autre indispensable à la constitution du moi, à l'accomplissement de l'individualité. Inversement, si l'on considère le lien qui unit Hermaphrodite à Narcisse, le mythe d'Hermaphrodite ne peut plus être un mythe de la perte d'individualité, car Narcisse sur la rive est la mémoire d'Hermaphrodite. Considéré dans leur complémentarité, Narcisse et Hermaphrodite symbolisent les étapes — et les dangers — du processus d'individuation : connaissance de soi et quête de l'autre, accomplissement de soi *par* la quête de l'autre. C'est ainsi que C. G. Jung, dont on connaît les théories sur ce que l'on appellerait aujourd'hui la bisexualité au sens large du terme, c'est-à-dire définie comme la présence, en tout être humain du principe masculin (animus) et du principe féminin (anima), principes que l'on ne peut réduire à la simple composante biologique, physiologique ou sexuelle — c'est ainsi donc que Jung fait de Narcisse un "pêcheur" qui, penché sur l'eau, mais bien amarré à la rive, tente d'élever à la conscience l'inconscient liquide :

« Qui regarde dans le miroir aperçoit, il est vrai, tout d'abord sa propre image. Qui va vers soi-même risque de se rencontrer soi-même. Le miroir ne flatte pas, il montre ce qui regarde en lui, à savoir le visage que nous ne montrons jamais au monde, parce que nous le dissimulons à l'aide de la *persona*, du masque du comédien. Le miroir, lui, se trouve derrière le masque et dévoile le vrai visage. C'est la première épreuve du courage sur le chemin intérieur (...) ».[23]

Après avoir déposé le masque, la quête ne fait que commencer. Le principe autre (l'*animus* ou l'*anima*, selon la

23.C. G. Jung, *Les Racines de la conscience*, Paris, Buchet-Chastel, 1971, p. 33.

terminologie jungienne) se trouve de l'autre côté de l'image reflétée par la surface de l'eau :

> « C'est pour nous une question vitale que de nous occuper de l'inconscient. Il s'agit d'être ou de ne pas être, spirituellement parlant. Tous les hommes à qui est arrivée l'expérience rapportée dans le rêve cité savent que le trésor repose dans la profondeur des eaux et ils chercheront à l'en tirer. Parce qu'ils ne doivent jamais, à aucun prix, perdre leur conscience, ils tiendront solidement leur position sur la terre; ils deviendront de la sorte pour demeurer dans la parabole — des *pêcheurs* qui capturent avec des hameçons et des filets ce qui nage dans l'eau (...).
>
> Quiconque regarde dans l'eau voit, certes, sa propre image, mais derrière émergent bientôt des êtres vivants; ce sont sans doute des poissons, d'inoffensifs habitants des profondeurs, inoffensifs si le lac n'était pas, pour beaucoup, hanté par des spectres. Ces poissons sont des êtres aquatiques d'un genre spécial. Parfois c'est une ondine qui tombe dans le filet du pêcheur, un poisson femelle à moitié humain.
>
> Les ondines sont des êtres captivants (...).
>
> L'ondine est un degré encore plus instinctif d'un être féminin fascinant que nous désignons du nom d'*anima*. »[24]

Jung fait allusion ici à tous les êtres aquatiques mi-femmes mi-poissons, à la fois fascinants et redoutables, qui hantent la littérature occidentale parce qu'ils hantent avant toute chose l'inconscient de l'homme.

Le mythe fut transcrit par les hommes pour les hommes. Que devient-il quand une femme s'en empare? L'univers inconscient et littéraire féminin va-t-il être peuplé de satyres marins, va-t-on voir surgir de ses profondeurs des armées de Tritons furieux?

---

24. Ibid., p. 38.

Le face-à-face avec soi-même dans L'Invitée

Dans *L'Invitée*, premier roman de Beauvoir, le regard dans le miroir *dé-voile* le vrai visage, il permet de *dé-couvrir* la véritable identité derrière *le masque*, de lever le masque, de *faire la lumière* sur le vrai visage derrière le "loup vénitien"[25]. Comme si le miroir, au lieu de réfléchir une apparence, conduisait au contraire vers un centre, une révélation; il ne réfléchit pas le même, mais l'autre. C'est à cette révélation qu'aboutit Françoise, dans *L'Invitée*, dans un texte riche en symboles, qui semblent faire écho au texte de Jung cité plus haut :

> « "Non, dit-elle, non." Elle se leva et s'approcha de la fenêtre. On avait caché le globe du réverbère sous un masque de fer noir et dentelé comme un loup vénitien. Sa lumière jaune ressemblait à un regard. Elle se détourna, alluma l'électricité. Son image jaillit soudain au fond du miroir. Elle lui fit face : "Non, répéta-t-elle. Je ne suis pas cette femme".
> C'était une longue histoire. Elle fixa l'image. Il y avait longtemps qu'on essayait de la lui ravir. »[26]

Si le miroir a ce pouvoir, c'est peut-être que la lumière, celle qu'il réfléchit et transmet, celle qu'il communique, "ressembl(e) à un regard". Le miroir transforme la lumière en regard ou le regard en lumière : il est *illumination*. C'est le regard de l'autre, de l'autre en face, qui soudain permet de se voir, de se découvrir, avec *étonnement* [27].

Certes, la femme que Françoise découvre de l'autre côté du miroir, derrière le masque, a sans aucun doute quelque chose de

---

25. *L'Invitée*, 500.
26. Ibid.
27. L'étymologie de miroir, rappelons-le, est : "mirare" qui signifie "s'étonner, éprouver un étonnement admiratif".

peu sympathique, de monstrueux même. Elle se fait meurtrière, elle tue l'autre femme, Xavière, "l'invitée". Quelle que soit la façon dont on interprète ce meurtre[28], même si on le ressent dans le roman comme plus symbolique que réel, même si on en comprend les raisons, même si on en décode la fonction, il n'en reste pas moins que c'est en effet un visage plutôt trouble, opaque, démoniaque dans ses pulsions, glacial, cruel, implacable, impitoyable dans ses résolutions, que l'héroïne rencontre de l'autre côté du miroir dans le face-à-face avec elle-même. Il semble même qu'en tuant Xavière, elle ne fasse en quelque sorte que la rejoindre de l'autre côté du miroir, ou disons plus précisément qu'elle rejoint une certaine image de Xavière, la représentation de "l'absolue séparation", dont la Françoise meurtrière, comme nous l'avons vu, est elle-même une incarnation[29]. Ainsi, plus aucune image ne vient troubler le face-à-face; après le meurtre, Françoise, dans sa solitude, coïncide avec elle-même, "plus rien ne la sépar(e) d'elle-même"[30].

Cette femme-là est assez unique dans l'œuvre de Beauvoir; seuls les hommes sinon se suffisent à eux-mêmes; seuls les hommes se font, si nécessaire, meurtriers. N'est-ce pas l'homme en elle, le principe masculin, qui se révèle à elle ici? Ce que Jung appellerait "l'animus"? Mais alors, dans ce cas, Beauvoir ne cède-t-elle pas à la tradition solidement ancrée dans notre histoire de la démonisation de l'Autre? N'est-ce pas, en quelque sorte, l'équivalent de la face terrifiante et funeste de Gorgone, en qui on se souvient que les Grecs ont donné forme à l'Autre de l'homme, la figure symbolique qui conjoint "la facialité et la monstruosité"[31], que Françoise rencontre dans son miroir?

Sans doute, l'autre rencontré dans le miroir ne révèle pas de réalité radicalement nouvelle ou différente de celle que l'on

28. Cf. première partie, infra p. 40 et suivantes.
29. Cf. infra p. 43 et suivantes.
30. *L'Invitée*, 503.
31. J. P. Vernant, *La Mort dans les yeux*, Hachette, 1985, p. 80.

connaît déjà. La femme ne découvre pas ici de monde différent, c'est *le regard* qu'elle jette sur lui qui est radicalement différent — ou plus exactement, la fonction et le pouvoir qu'elle accorde au regard. L'autre n'est pas nécessairement angélique, il peut faire peur, mais il est possible de *le regarder en face*. Il est possible de regarder l'autre radicalement différent en face sans se sentir mutilé, castré, sans que le monde ne vous soit dérobé, sans être changé en pierre. Le regard qui cherche l'altérité peut la trouver sans être puni par une puissance aliénante, avide, rapace, destructrice. Ainsi, le miroir *n'est pas* "ce qu'on ne peut franchir"[32]. Il n'est pas une limite, mais au contraire une frontière qui peut, *qui doit*, être *transgressée* — et l'autre *peut* être *vu* et trouvé de l'autre côté. Considérer le contraire relève peut-être moins d'observations cliniques ou psychanalytiques que de présupposés culturels.

Ainsi, il faut qu'il y ait transgression pour que l'autre soit atteint. Et la fin de *L'Invitée*, c'est en effet avant tout l'histoire d'une transgression : le regard dans le miroir, qui se produit comme pour la première fois, est synonyme de révolte. Le *non*, répété comme une incantation, est lancé haut et fort pour la première fois à la face du monde :

« C'était une longue histoire. Elle fixa l'image. Il y avait longtemps qu'on essayait de la lui ravir. Rigide comme une consigne. Austère et pure comme un glaçon. Dévouée, dédaignée, butée dans les morales creuses. Et elle avait dit : "Non." Mais elle l'avait dit tout bas (...). »[33]

Il s'agit de se révolter contre l'image que la société, les autres, prétendent vous imposer, dans laquelle ils essaient de vous enfermer. Il ne s'agit pas de "maintenir une illusion", mais de la

---

32. Catherine Clément, citant un séminaire inédit de Lacan du 9 mars 1960, dans : *Miroirs du sujet*, op. cit., p. 46.

33. *L'Invitée*, 500.

briser; il ne s'agit pas, dans le regard dans le miroir, de chercher une "protection"[34,] mais au contraire de *s'exposer*. La conquête de l'identité doit se faire au sein d'une dialectique, contre un certain regard et grâce à un autre regard. C'est parce que la société s'oppose à l'émergence du moi réel et authentique qu'il est devenu nécessaire d'user de violence. Pour réussir à passer de l'autre côté du miroir, il faut faire voler en éclats des images millénaires, toujours les mêmes. Ou peut-être inversement : c'est parce que la transgression est devenue nécessaire qu'il faut redécouvrir l'autre côté du miroir. En tout cas, ce que Françoise découvre dans le miroir, c'est sa capacité de *révolte*. Le miroir, pour elle, *signifie* transgression.

Cependant, même si la conception beauvoirienne du regard est radicalement différente, même s'il signifie le désir et la possibilité d'accéder à tout un autre monde, au lieu de la peur et du rejet de cet autre univers, n'aboutit-on pas, de façon finalement comparable à ce que l'on voyait illustré chez Ovide, mais en sens inverse, à la perte d'une certaine identité (ici féminine) pour accéder à l'autre (plus masculine)? Ne s'agit-il pas, en se constituant ainsi en sujet, d'entrer finalement dans une autre forme d'aliénation, dans une autre image tout aussi marquée culturellement? Et l'autre ne disparaît-il pas en tant qu'autre dans cette assimilation? Ne retrouve-t-on pas le schéma hégélien?

On a souvent reproché à Beauvoir — les féministes "essentialistes" en particulier — de vouloir assimiler la femme à l'homme, de faire d'elle "un homme manqué", ainsi que ne cesse de le claironner sur tous les toits Mme Antoinette Fouque[35]. Beauvoir s'en est toujours défendue. Il est ici peut-être nécessaire de rappeler que, comme ailleurs dans *Le Deuxième*

---

34. Catherine Clément, *Miroirs du sujet*, op. cit., p. 23-24.

35. Cité par Elisabeth Roudinesco, dans : *La guerre de cent ans. Histoire de la psychanalyse en France*, Fayard, 1994, tome 2, p. 430. Cf. également des propos analogues dans : *Libération*, le 16 avril 1986, au lendemain de la mort de Beauvoir.

Sexe (écrit, je le rappelle, en 1949), elle a soutenu qu'il existerait toujours des différences entre l'homme et la femme :

« (...) il demeurera toujours entre l'homme et la femme certaines différences; son érotisme, donc son monde sexuel, ayant une figure singulière ne saurait manquer d'engendrer chez elle une sensualité, une sensibilité singulière : ses rapports à son corps, au corps mâle, à l'enfant ne seront jamais identiques à ceux que l'homme soutient avec son corps, avec le corps féminin et avec l'enfant; ceux qui parlent tant "d'égalité dans la différence" auraient mauvaise grâce à ne pas m'accorder qu'il puisse exister des différences dans l'égalité. (...) Affranchir la femme, c'est refuser de l'enfermer dans les rapports qu'elle soutient avec l'homme, mais non les nier; qu'elle se pose pour soi elle n'en continuera pas moins à exister *aussi* pour lui : se reconnaissant mutuellement comme sujet chacun demeurera cependant pour l'autre un *autre*; la réciprocité de leurs relations ne supprimera pas les miracles qu'engendre la division des êtres humains en deux catégories séparées : le désir, la possession, l'amour, le rêve, l'aventure; et les mots qui nous émeuvent : donner, conquérir, s'unir, garderont leur sens; c'est au contraire quand sera aboli l'esclavage d'une moitié de l'humanité et tout le système d'hypocrisie qu'il implique que la "section" de l'humanité révélera son authentique signification et que le couple humain trouvera sa vraie figure. »[36]

« (...) jusqu'ici les possibilités de la femme ont été étouffées et perdues pour l'humanité et il est grand temps dans son intérêt et dans celui de tous qu'on lui laisse enfin courir toutes ses chances. »[37]

L'accès à la coprésence des contraires en soi ne signifie en aucune façon l'indifférenciation sexuelle. Il ne s'agit nullement pour Beauvoir de renoncer à son être-femme, de devenir un

36. *Le Deuxième Sexe*, II, 575-576.
37. Ibid., II, 559.

"homme manqué". Comme je l'ai déjà souligné, Simone de Beauvoir a commenté amplement son premier roman dans la deuxième partie de son autobiographie, *La Force de l'âge* (1960) C'est, une fois de plus, dans le rapport dialectique qui existe entre les différentes œuvres de l'écrivain, et ici en particulier entre ce premier roman et l'autobiographie, qu'il faut situer la fin de *L'Invitée* pour apprécier la signification de ce roman dans la pensée et l'œuvre de Beauvoir. Elle insiste, on l'a vu, sur la valeur *cathartique, fantasmatique et symbolique* du meurtre de Xavière et sur le lien qui le relie à l'acte d'écriture :

> « (...) en déliant Françoise, par un crime, de la dépendance où la tenait son amour pour Pierre, je retrouvai ma propre autonomie. Le paradoxe, c'est que je n'ai pas eu besoin pour la récupérer de commettre aucun geste inexpiable, mais seulement d'en raconter un dans un livre. Car, même si on est attentivement encouragé et conseillé, écrire est un acte dont on ne partage avec personne la responsabilité. Dans ce roman, je me livrais, je me risquais au point que par moment le passage de mon coeur aux mots me paraissait insurmontable. Mais cette victoire idéale, projetée dans l'imaginaire, n'aurait pas eu son poids de réalité, il me fallait aller au bout de mon fantasme, lui donner corps sans en rien atténuer, si je voulais conquérir pour mon compte la solitude où je précipitai Françoise. Et en effet l'identification s'opéra. »[38]

Ainsi, au jeu de miroir décrit à la fin de l'œuvre se superpose celui de Beauvoir se dédoublant dans la représentation de Françoise. Il y a à la fois, comme on l'a vu, fusion, identification à l'autre, *et* distance de l'écrivain, restituant par le langage l'inconscient à sa matrice symbolique, tenant fermement sa plume et gravant des signes à la surface du miroir. Si Françoise finit par se fondre dans l'autre en transgressant la limite du miroir, en se choisissant, elle entre simultanément dans une

---

38. FDA, 388-389.

relation de *réflexion* par rapport à son démiurge créateur, resté sur la rive. Le face-à- face est maintenu; l'autre est rétabli dans sa position d'autre. Après avoir nécessité dans un premier temps l'identification avec l'autre, l'acte d'écriture réussit finalement à tisser de nouveau le lien qui unit l'un(e) à l'autre dans leur différence.

Il ne me semble pas aberrant de se servir de Jung, comme je l'ai fait ici à plusieurs reprises, pour mieux comprendre les représentations symboliques telles qu'elles apparaissent chez Beauvoir, même si rien ne permet d'affirmer qu'il l'ait, d'une façon ou d'une autre, influencée : il suffit de savoir qu'il s'est lui-même servi de la mythologie pour fonder ses théories et qu'il a été le premier à comprendre que mythologie et psychanalyse s'éclairent mutuellement et permettent chacune à sa façon une lecture de l'âme humaine.

Si la biographie ne justifie pas à elle seule le rapprochement entre Jung et Beauvoir, il semble par contre difficile de ne pas évoquer Lacan, surtout lorsqu'on parle de miroir! On sait que Beauvoir a désiré rencontrer Lacan[39], juste avant la parution du *Deuxième Sexe*, l'année même où il fit, au XVI° congrès international de psychanalyse, la communication intitulée *Le Stade du miroir comme formateur de la fonction du Je*. Finalement l'entrevue n'aura pas lieu. Lacan n'aura donc pas "influencé" *Le Deuxième Sexe*, et encore moins *L'Invitée*, publié six ans plus tôt. Par contre, *La Force de l'âge*, datant de 1960, pourrait témoigner de traces de la pensée lacanienne. En revenant sur son premier roman, il se pourrait que Beauvoir ait eu quelque peu les théories lacaniennes en tête, ainsi que le vocabulaire même du texte cité plus haut peut permettre de le supposer, mais non de l'affirmer. Par contre, il semble, au moins dans un premier temps, tout à fait possible d'appliquer la théorie lacanienne à la fin du roman : on ne sera pas surpris de constater que les représentations symboliques et le savoir archaïque et

---

39. Cf. Elisabeth Roudinesco, *La guerre de cent ans*, op. cit., p. 517.

inconscient qu'elles véhiculent à travers les mythes et la littérature puissent rejoindre les observations cliniques. Dans le miroir, Françoise a le pressentiment de ce qu'elle pourrait être, devenir, des possibilités qui lui sont offertes; elle "se précipite de l'insuffisance à l'anticipation"[40], en s'identifiant avec l'autre soi-même, elle "anticipe l'image de sa totalité"[41], de l'androgynat qu'elle pourrait atteindre, elle "devance dans un mirage la maturation de sa puissance"[42], elle se "situe, dès avant sa détermination sociale, dans une ligne de fiction, à jamais irréductible pour le seul individu"[43]. Elle est au début d'une évolution, "elle s'est choisie", elle s'est mise au monde. L'avenir lui est enfin ouvert; à elle de le façonner. De même, *Le Deuxième Sexe*, après avoir indiqué les voies de libération de la femme, s'achève sur les perspectives d'avenir que seule cette libération rend envisageables. Le processus d'individuation ne doit pas être arrêté en cours de route; cependant il ne peut se faire sans prendre de risques. Les héroïnes qui viennent après Françoise montrent bien, nous le verrons, qu'il ne s'agit pas de s'arrêter une fois pour toutes là où s'est achevé le premier roman.

Si certains rapprochements entre Lacan et Beauvoir semblent d'autant plus justifiés que des éléments biographiques attestent un certain intérêt de Beauvoir pour les thèses lacaniennes, il faut cependant se garder, me semble-t-il, de faire l'amalgame entre Sartre, Lacan et Beauvoir — qu'en aurait d'ailleurs pensé Lacan?! — comme le fait Toril Moi[44], qui d'une part tombe dans le piège de l'assimilation de la pensée de Beauvoir à celle de Sartre, et ne considère pas, d'autre part, qu'il faut distinguer également la pensée de Beauvoir de celle de Lacan, ne serait-ce que parce le face-à-face, comme on l'a vu, est finalement rétabli

40. Jacques Lacan, *Ecrits*, Ed. du Seuil, coll. Points Essais, t. 1, p. 93.
41. Ibid., p. 94.
42. Ibid., p. 91.
43. Idem.
44. Toril Moi, *Simone de Beauvoir*, op. cit., p. 186.

chez Beauvoir dans l'évidence de sa nécessité absolue, corollaire de la foi en *l'accessibilité* de l'autre.

5

Le couple androgyne

Si Narcisse finit dans les bras de la mort, c'est sans doute que la soeur jumelle qu'il croit apercevoir et désire embrasser a déjà disparu. C'est une des richesses suggestives du mythe et du symbole du miroir que de rapprocher et lier la perception de l'autre en soi et de l'autre hors de soi. Celui que je vois, est-ce encore moi ou est-ce déjà l'autre? La limite de l'eau reflète, mais ne tranche pas. Il faut que je cherche l'autre en moi pour être prête à accueillir l'autre en face; inversement, sans l'autre en face, l'autre en moi retombe sur soi-même. Le dépassement de soi dans le face-à-face avec soi-même ne peut aboutir que dans l'amour de l'autre réel.

Androgynie et sexualité

On ne connaît pas grand-chose des origines d'Hermaphrodite, l'ancêtre de l'androgyne. "On a supposé que le culte d'Hermaphrodite fut introduit en Attique pendant la guerre du Péloponèse par des négociants chypriotes. (...) Mais l'hypothèse de l'origine étrangère repose uniquement sur le rôle important des dieux androgynes dans les religions orientales contrastant avec leur rôle purement marginal dans le panthéon hellénique[1]". Dès le départ, les Grecs semblent avoir éprouvé des sentiments très ambigus en face de la représentation de la bisexualité, des images précises que l'Orient, au contraire, accueille volontiers. "Autant ils se plaisent à suggérer la possession des puissances complémentaires, autant ils ont hésité devant la représentation

---

1. Marie Delcourt, op. cit., p. 75.

concrète d'un être bisexué. (...) L'androgynie occupe les deux
pôles du sacré. Pur concept, pure vision de l'esprit, elle apparaît
chargée des plus hautes valeurs. Actualisée en un être de chair et
de sang, elle est une monstruosité (...) (et) on se débarrasse le
plus vite possible des malheureux qui la représentent"[2]. Ainsi,
s'il a pu être prouvé que l'idée d'androgynie s'impose très tôt
dans les mythes et les rites, par contre les représentations
plastiques qui nous sont restées de l'Hermaphrodite datent d'une
époque relativement tardive, puisqu'elles ne remontent qu'au IVe
siècle avant J.-C. Ce sont des représentations qui nous le
donnent à voir sous un aspect de plus en plus féminisé, alors
qu'on peut imaginer que l'Hermaphrodite primitif, s'il a jamais
été représenté, fut d'abord, "comme Hermès son père, comme
Priape son frère, vigoureux et significatif, représentant
puissamment la richesse des deux natures en lui superposées"[3].
Ainsi l'évolution que retrace Marie Delcourt tend vers une
féminisation de plus en plus marquée de l'Hermaphrodite.

Or, cette féminisation de l'Hermaphrodite signifie bientôt une
perte de puissance, et c'est ainsi que la bisexualité se met à
équivaloir à l'asexualité. Parti d'un être dans la plénitude de sa
double puissance, on aboutit à un être qui, possédé, dominé par
le principe féminin, n'est plus qu'un semivir, un demi-mâle,
presque une femme, c'est-à-dire presque rien...! Ce qui était une
richesse est devenu une privation, une mutilation, une castration.
Ainsi, dans la légende telle que la raconte Ovide, les corps réunis
de la nymphe et d'Hermaphrodite ne forment-ils finalement plus
qu'un être asexué. "Sous une double forme, ils ne sont ni homme
ni femme; ils semblent n'avoir aucun sexe et les avoir tous les
deux :

« Nec duo sunt, et forma duplex, nec femina dici
Nec puer ut possint; neutrumque et utrumque videntur. »[4]

---

2. Ibid., p. 68-69.
3. Ibid., p. 95.
4. Ibid., p. 80.

Pour un Romain de l'âge classique, "un *utrumque* ne peut être autre chose qu'un *neutrum*, digne de compassion"[5]. L'androgynie ne peut résister à la dévalorisation du féminin, autrement dit du "sexe". À partir de là, pour survivre — difficilement — "l'androgyne tend à dissoudre, dans les représentations qu'il implique, les caractères sexuels qui pourraient rappeler sa proximité structurelle avec les turbulents hermaphrodites"[6]. Il n'apparaît plus que comme la conquête uniquement spirituelle d'une nouvelle conscience apolaire, d'un état "angélique" où les sexes, au lieu de coexister, ont été anéantis dans la fusion. Cette vision d'un androgyne asexué est celle qui s'est imposée dans la littérature et la pensée occidentales modernes, de Baader à Mircea Eliade, en passant par Balzac! "Asexuel est le destin fondamental de l'androgyne", écrit Jean Libis[7]. Peut-être pas, puisque Beauvoir et, par elle et au-delà d'elle, semble-t-il, toute une époque, va rendre, on le constatera, à l'androgyne sa dimension sexuelle, et bisexuée, sans perdre, en ce qui concerne Beauvoir tout au moins, la dimension spirituelle du mythe.

Il faut noter toutefois que, peut-être pour échapper au paradoxe presque impensable, insoutenable de l'union des deux en un, des contraires à la fois absolument irréductibles et inséparables, l'androgyne n'a pas toujours été conçu comme *un seul être* à la fois homme et femme. Le génie romain a inventé la représentation du dieu ambigu sous l'aspect de couples de jumeaux, de figures dédoublées en une personne féminine et une personne masculine[8]. Ce sont, par exemple, les couples Faunus et Fauna, Liber et Libera, Ruminus et Rumina, etc. "Ces

---

5. Ibid., p. 81.

6. Jean Libis, "l'Androgyne et le nocturne", *Les Cahiers de l'Hermétisme*, "L'Androgyne", op.cit., p. 12.

7. Ibid., p. 13.

8. D'autres couples de jumeaux existent toutefois dans d'autres traditions; en Inde, l'ancêtre mythique androgyne a été remplacé par un couple de jumeaux, Yama et sa soeur Yami, et en Iran, Yima et Yimagh.

couples, qui sont toujours stériles, ne représentent pas des dieux mariés. Ce sont des paires composées par l'esprit pour épuiser les aspects d'une puissance unique, conçue en profondeur comme douée des deux natures"[9]. Cette représentation nous rapproche de celle de l'androgyne appréhendé dans sa parenté avec Narcisse telle que je l'ai évoquée précédemment. Par ailleurs, le couple comme représentation de l'androgyne illustre le fait que l'accomplissement androgyne de l'Un est indissociable de la rencontre avec l'autre hors de soi.

La relation Sartre-Beauvoir ou le couple de jumeaux

Si le vieux mythe fondateur de l'androgyne a traversé les siècles et les cultures avec plus ou moins de fortune et sous des formes variées, il semble cependant qu'il n'ait jamais cessé de hanter l'esprit humain. Il hante en tout cas celui de Beauvoir et ressurgit, dans son œuvre, sous une forme particulière et moderne, comme l'expression des aspirations et des attentes d'une femme, qui est tellement représentative[10], dans ses aspirations et ses attentes, de tant d'autres femmes, qu'il ne semble pas exagéré de dire que ce mythe, ainsi réécrit, à la fois reflète et sert une des évolutions culturelles essentielles du XXe siècle : l'expression, sous toutes ses formes, du désir féminin.

Avant d'aborder la relation Beauvoir-Sartre, il faut tout de suite dissiper ou prévenir certains malentendus. Comme l'on pourra difficilement accuser Beauvoir de n'être que l'épigone de Sartre en ce qui concerne la réécriture de ce mythe, il pourrait apparaître nécessaire d'inventer une autre stratégie pour dénigrer son œuvre : on dira par exemple que son histoire avec Sartre

---

9. Marie Delcourt, op. cit., p. 46.
10. Il suffit de penser au retentissement du *Deuxième Sexe* ...

telle qu'elle la donne à voir est une légende[11], pour preuve la
façon, fort différente, dont Sartre l'a vécue! Certes, mais
pourquoi la vision de Sartre serait-elle plus intéressante, plus
juste et plus digne de foi que celle de Beauvoir? Et surtout , peu
nous importe la réalité — on sait bien qu'en la matière il n'y a
pas d'objectivité possible — ; ce qui nous importe, c'est en effet
la légende (mais sans que le mot ne soit entaché ici d'une
quelconque connotation péjorative), c'est le mythe, tel que
Beauvoir a eu la force de le réinventer — malgré Sartre! Par
ailleurs, sans le dévaloriser, il faut relativiser le rôle de Sartre :
s'il fut certainement la personne qui permit à Beauvoir de
s'approcher au plus près des îles bienheureuses, de voir se
dessiner à l'horizon la terre d'utopie, dans l'œuvre littéraire au
moins, les *Mémoires* font apparaître que d'autres que lui
jouèrent le rôle de l'*alter ego*. Sans aucun doute, le mythe
"hantait" Beauvoir avant que Sartre n'entrât dans sa vie!

Dès l'enfance, l'autre, le double, commence de jouer un rôle
"considérable" dans la vie de Beauvoir, si l'on en croit la
description qu'elle fait du rapport qui la liait à sa sœur :

> « (...) je ne vivais pas seule ma condition d'enfant; j'avais une
> pareille : ma soeur dont le rôle devint considérable aux environs
> de mes six ans. On l'appelait Poupette; elle avait deux ans et demi
> de moins que moi. (...)
> Confortablement installée dans mon rôle d'aînée, je ne me
> targuais d'aucune autre supériorité que celle que me donnait mon
> âge; je jugeais Poupette très éveillée pour le sien; je la tenais pour
> ce qu'elle était : une semblable un peu plus jeune que moi; (...)
> Elle était mon homme lige, mon second, mon double : nous ne
> pouvions pas nous passer l'une de l'autre. »[12]

---

11. Cf. Michel Contat, "Une philosophie pour notre temps", Entretien
avec Michel Contat, Propos recueillis par François Ewald, *Le Magazine
Littéraire*, n°320, avril 1994, p. 23.

12. MJFR, 59 et 60.

Déjà l'autre apparaît comme le partenaire indispensable en qui toute activité se trouve justifiée :

« Je plaignais les enfants uniques; les amusements solitaires me semblaient fades (...) Même pour faire des décalcomanies ou pour peinturlurer un catalogue, il me fallait une associée; rivalisant, collaborant, l'œuvre de chacune trouvait en l'autre sa destination, elle échappait à la gratuité. »[13]

On voit déjà poindre le rôle que doit jouer l'autre dans l'élaboration de l'œuvre :

« Les jeux qui me tenaient le plus au coeur, c'étaient ceux où j'incarnais des personnages : ils exigeaient une complice. (...) Pour animer les histoires que j'inventais, une partenaire m'était indispensable. »[14]

On alléguera que Beauvoir reconstruit ici *a posteriori* son enfance. Mais alors il est significatif que, dans la reconstitution qu'elle fait de sa jeunesse, elle fasse remonter " le rapport constituant à l'Autre"[15] à la première enfance : c'est visiblement là qu'elle veut l'ancrer, soulignant ainsi l'importance de cette première expérience de l'autre.

Après la soeur, au moment de l'adolescence, c'est Zaza, l'amie intime, qui va jouer un rôle très important; c'est par elle qu'elle dit avoir connu "la joie d'aimer, le plaisir des échanges

---

13. Ibid., 60.
14. Ibid., 60 et 61.
15. Cf. Catherine Clément, *Miroirs du sujet*, op. cit., 45. Catherine Clément, à la différence d'Elisabeth Roudinesco (cf. *Histoire de la psychanalyse en France*, op. cit.) établit une différence entre la pensée lacanienne et hégélienne dans la vision du rapport à l'Autre. Mais elle ne dit pas sur quel texte ou parole de Lacan elle s'appuie pour justifier cette distinction. Tout ce qu'on peut lire des textes des *Ecrits* semble plutôt donner raison à Elisabeth Roudinesco et à la thèse selon laquelle Lacan "met l'inconscient freudien à la place de la conscience hégélienne" (*Histoire de la psychanalyse en France*, op. cit., p. 160).

intellectuels et des complicités quotidiennes. Elle (lui) a fait abandonner (s)on personnage d'enfant sage, elle (lui) a appris l'indépendance et l'irrespect".[16]

> « Elle a été mon seul joyeux rapport à la vie non livresque. J'avais tendance à me défendre contre les forces hostiles par un orgueil crispé : l'admiration que j'avais pour Zaza m'en a sauvée. Sans elle, peut-être me serais-je trouvée à vingt ans méfiante et amère au lieu d'être prête à accueillir l'amitié, l'amour, ce qui est la seule attitude propre à les susciter. Je ne peux pas m'imaginer, à vingt ans, autre que j'étais : mais aussi ne puis-je pas m'imaginer une enfance où Zaza n'aurait pas existé. »[17]

Plus encore que la vie, c'est la mort qui les a liées; Zaza est aussi celle qu'elle aurait pu devenir, c'est tout aussi bien elle qui aurait pu être victime du carcan qui emprisonnait et étouffait les "jeunes filles rangées". Le premier livre de l'autobiographie finit, de façon signifiante, par l'évocation de la mort de l'adolescente — du double sacrifié sur l'autel de la bourgeoisie :

> « Ensemble nous avions lutté contre le destin fangeux qui nous guettait et j'ai pensé longtemps que j'avais payé ma liberté de sa mort. »[18]

Ainsi, avant même de rencontrer Sartre, l'adolescente le cherchait :

> « (...) je ne me marierai que si je rencontrais, plus accompli que moi, mon pareil, mon double ».[19]

> « Je suis sûre qu'il n'existe pas, celui qui serait vraiment tout, comprendrait tout, le frère et l'égal de moi-même ».[20]

---

16. TCF, 19.
17. Ibid., 20.
18. MJFR, 503.
19. Ibid., 202.

Sartre est la première personne de sexe masculin en qui,
jeune fille, elle retrouve la force des rapports qu'avait connus
l'enfant :

« Au fond de ma mémoire brillaient avec une douceur sans égale
les heures où je me réfugiais avec Zaza dans le bureau de
M. Mabille et où nous causions. J'avais éprouvé aussi des joies
poignantes quand mon père me souriait et que je me disais que,
d'une certaine manière, cet homme supérieur à tous les autres
m'appartenait. Mes rêves d'adolescente projetèrent dans l'avenir
ces suprêmes moments de mon enfance; ce n'étaient pas des
songes creux, ils possédaient en moi une réalité et c'est pourquoi
leur accomplissement ne m'apparaît pas comme miraculeux.
Certes, les circonstances me servirent; j'aurais pu ne trouver avec
personne un parfait accord; mais quand ma chance me fut
donnée, si j'en profitai avec tant d'emportement et ténacité, c'est
qu'elle répondait à un très ancien appel. »[21]

« Sartre répondait exactement au voeu de mes quinze ans : il était
le double en qui je retrouvais, portées à l'incandescence, toutes
mes manies. Avec lui, je pourrais toujours tout partager. »[22]

Si donc le mythe lui permet de structurer la représentation de
sa relation à Sartre, Simone de Beauvoir a soin toutefois de
situer et d'ancrer les conditions de la réussite de cette relation
dans une réalité psychologique bien précise, qui remonte à
l'enfance[23]. Il s'agit peut-être même d'ancrer dans cette réalité les

20. Ibid., 343. Extrait du journal de l'enfant.
21. FDA, 33.
22. MJFR, 482.
23. Leur liaison n'a pas été, contrairement à ce qu'affirme Michel Contat
(Cf. "Une philosophie pour notre temps", op. cit.,p.23), "quelque chose qui a
été fabriqué et vécu pour être donné à lire" (une telle hypothèse me semble
plus révélatrice de la mentalité de celui qui l'a inventée que des intentions
de Beauvoir!); elle fut d'abord vécue de la façon dont l'enfance et
l'adolescence de Beauvoir l'avaient préparée à la vivre — avec une force

fondements de la description philosophique des rapports à l'autre, et donc, par la même occasion, les différences entre Sartre et elle à ce propos, ainsi que le laissent entendre *Les Entretiens avec Jean-Paul Sartre* de l'été 1974 insinuant qu'il puisse exister dans tout système de pensée des racines inconscientes ou tout au moins étrangères à l'ordre rationnel[24]. Il est possible enfin que Beauvoir ait pressenti la nécessité d'enraciner la capacité de réinvention et de réécriture du mythe dans la trame inconsciente qui se tisse dans l'enfance.

La liaison avec Sartre nous est décrite comme prenant très vite aux yeux de Beauvoir une coloration mystique, ainsi qu'elle le note elle-même dans *La Force de l'âge* :

« Aujourd'hui (...), je m'irrite quand des tiers approuvent ou blâment les rapports que nous avons construits sans tenir compte de la particularité qui les explique et les justifie : ces signes jumeaux, sur nos fronts. La fraternité qui souda nos vies rendait superflues et dérisoires toutes les attaches que nous aurions pu nous forger. »[25]

Ce vocabulaire mystique la gêne un peu, mais elle n'y renonce pas :

« Je parle ici de *signes*; dans mes *Mémoires*, j'ai dit que Sartre cherchait, comme moi, une espèce de *salut*. Si j'emploie ce vocabulaire, c'est que nous étions deux mystiques. »[26]

L'honnêteté intellectuelle l'oblige cependant à relativiser et quelque peu corriger la portée du "nous" employé dans la

exceptionnelle, bouleversante, potentiellement iconoclaste et subversive — et ensuite retranscrite conformément à l'attente qu'elle était censée satisfaire.

24.*La Cérémonie des adieux*, suivi des *Entretiens*, Paris, Gallimard, 1982 , p. 369.
25.FDA, 31-32.
26.Ibid., 32.

première partie de la citation. Certes, tous deux cherchent "une espèce de salut", mais ils ne l'attendaient pas exactement au même lieu — la terre promise n'est pas la même :

> « Sartre avait une foi inconditionnée dans la Beauté qu'il ne séparait pas de l'Art, et moi je donnais à la Vie une valeur suprême. Nos vocations ne se recouvraient pas exactement. »[27]

A la fin du volume suivant de l'autobiographie, dans *La Force des choses*, le ton est moins exalté et le vocabulaire moins mystique, mais si elle ne parle plus de "signes jumeaux", elle évoque encore "le long jumelage"[28] qui souda leur vie.

Pourquoi, primitivement au moins, ce vocabulaire mystique, chez Beauvoir, étant posé que l'explication qu'elle nous en donne est une fois de plus un peu lapidaire? Qu'est-ce que cette mystique de la Vie? Et quelle relation entretient-elle avec la gémellité?

Le couple de jumeaux, on l'a vu, est une des représentations de l'androgynie. Les jumeaux symbolisent pour Beauvoir *l'idée de totalité*, non parce qu'ils sont semblables, mais parce qu'ils sont semblables *et* différents à la fois. Que les vocations "ne se recouvrent pas" n'est pas si grave; au contraire, elles s'additionnent. Beauvoir inscrit dans la gémellité la force d'un rapport où ressemblance, proximité, et différence sont intimement liées et complémentaires, où l'ambiguïté est synonyme de vie et de pérennité. Grâce à leurs différences, et parce qu'ils sont indissolublement liés, s'ils ont la même soif d'emprise sur le monde, les jumeaux peuvent *tout* embrasser :

> « A quoi bon, par exemple, habiter sous un même toit quand le monde était notre propriété commune? Et pourquoi craindre de mettre entre nous des distances qui ne pourraient jamais nous

---

27. Ibid., 32.
28. FDC, 672.

séparer? Un seul projet nous animait : tout embrasser et témoigner de tout; il nous commandait de suivre, à l'occasion, des chemins divergents, sans nous dérober l'un à l'autre la moindre de nos trouvailles; ensemble nous nous pliions à ses exigences si bien qu'au moment où nous nous divisions, nos volontés se confondaient. C'est ce qui nous liait qui nous déliait; et par ce déliement nous nous retrouvions liés au plus profond de nous ».[29]

Les exigences de liberté, la connaissance des exigences du désir, et l'expérience des deux écueils à éviter — la fusion et la séparation — tout se fond, dans ce texte de Beauvoir, pour *créer une mystique de l'amour et du désir qui est également une mystique de la vie.* Le désir ne véhicule pas ici la nostalgie d'une réunification qui serait également une dissolution dans l'apolarité de l'Un originel (de l'utérus maternel où les jumeaux sont unis). La dynamique du désir *n'est pas régressive*, mais au contraire, pourrait-on dire, *progressive :* elle s'exprime non seulement dans la jubilation du mouvement qui mène hors de soi vers l'autre, mais aussi dans la foi en un dépassement de soi vers l'autre infiniment recommencé.

Pour oser envisager cela, il ne faut pas nourrir la crainte de voir se dresser, en chemin, l'épouvantail incontournable et paralysant — la face de Gorgone — du regard de l'autre. Il faut ne pas craindre non plus la séparation, vécue non comme une donnée ontologique de la condition humaine, mais comme un choix librement consenti, pour que puisse renaître le désir aimanté par le champ des distances. Il faut enfin la force d'une individualité bien constituée, pour que l'aboutissement du désir ne devienne pas désir de fusion. A ces conditions, dans ce mouvement infini qui lie et qui délie, dans la force du refus de tout immobilisme, dans le passage infiniment recommencé de l'un à l'autre côté de la frontière qui les sépare, le couple androgyne moderne, tel que Beauvoir le conçoit, pourrait trouver

---

29. FDA, 31-32.

non seulement l'accomplissement et la puissance que procure l'union des deux complémentaires qui se trouvent enfin, mais aussi la pérennité du désir vécu dans la liberté. Ainsi le désir — tel Phénix, une autre figure de l'androgyne — pourrait-il renaître perpétuellement de ses cendres.

Le couple de jumeaux, le couple androgyne, apparaît donc chez Beauvoir en dernière analyse comme la représentation archétypale de la volonté de *transgression*, qu'il s'agisse de la transgression des limites de la condition humaine ou de la transgression de *l'interprétation* qu'une société, qu'une civilisation, donne des limites de cette condition. Il symbolise en effet d'une part le pouvoir et la victoire de la vie sur la mort et, d'autre part, la transgression de la prohibition de l'inceste, fondement universel de la culture, comme on le sait, selon Lévi-Strauss, et conséquence universelle, selon Freud, du complexe universel d'Oedipe. Les couples gémellaires jouent un rôle important dans les diverses traditions cosmogoniques, car la gémellité est liée, dans l'imaginaire collectif, à l'idée d'autoprocréation. "L'idée que les jumeaux se sont créés eux-mêmes me paraît se manifester avec évidence dans la croyance très répandue d'après laquelle les jumeaux d'un sexe différent peuvent accomplir l'acte sexuel déjà avant leur naissance, dans le corps de leur mère et transgresser ainsi le tabou de l'exogamie", écrit Otto Rank[30]. C'est moins l'idée d'autoprocréation même que l'idée que les jumeaux de sexe différent peuvent s'auto-engendrer *infiniment* qui me semble importante chez Beauvoir. Leur désir a raison des lois de l'inertie et de la mort. Il ne s'agit pas bien sûr de nier la mort — ce serait absurde — mais de déplacer l'accent vers la vie, d'inverser la tendance qui fait que nous sommes, en Occident, véritablement obsédés par la mort, jusqu'à en oublier le pouvoir, la force, la puissance de la vie. A ce compte-là, la mort n'a que plus facilement le dernier mot. Si Orphée ne s'était pas retourné,

---

30. Otto Rank, *Don Juan et le double*, op. cit., p. 97.

peut-être aurait-il réussi à ramener Eurydice des enfers... Ou peut-être au contraire fallait-il, pour sauver Eurydice, qu'il pût se retourner? L'Orphisme, dont Marcel Detienne[31] nous dit qu'il fut une mise en question radicale de l'ordre social solidaire de la religion officielle de la cité grecque, a contesté la vision d'Hésiode d'un monde où le chaos, le vide, le néant, aurait été à l'origine de toutes choses. Il a imaginé une cosmogonie où c'est l'Œuf qui est à l'origine de tout : "un être bisexué se divise, un œuf se brise pour donner naissance au monde", "gage de sa pérennité, (...) symbole de croissance et de totalité."[32] Et la pensée orphique a fait d'Eros un dieu essentiel, une force primordiale, une puissance qui intègre et concilie les contraires. De façon comparable, et même si cela peut sembler paradoxal, je crois que la valorisation mystique de l'amour et du désir, bref de l'éros, a une valeur profondément contestataire et subversive chez Beauvoir. C'est tout un monde de valeurs qui est dénoncé, renversé, inversé — les piliers mêmes d'une civilisation qui, en considérant l'amour, le désir, la sexualité, essentiellement comme des forces destructrices, dont il faut se méfier, comme *un danger*, a fini par sombrer dans la haine de l'autre, le repli sur soi, l'obsession de la mort. Les femmes qui n'ont pas encore appris à avoir peur de la puissance de leur désir, de leur passion, savent qu'ils leur donnent la force de soulever des montagnes, peut-être même de changer le monde! "Ce qui me séparait de tous les autres, c'était une certaine violence que je ne rencontrais qu'en moi", écrit Beauvoir dans les *Mémoires d'une jeune fille rangée*, et elle constate que cette violence "effrayait un peu"[33] les hommes. Le désir au féminin est une force subversive.

Bien sûr, Beauvoir réagit en intellectuelle : le désir est insufflé par le génie du verbe et de l'esprit. Déjà adolescente, elle se faisait, nous dit-elle, une "idée précise" du charme intellectuel

---

31. Cf. Marcel Detienne, *L'écriture d'Orphée*, Paris, Gallimard, 1989, 210 p.

32. Marie Delcourt, op. cit., p. 106.

33. MJFR, 343.

que devrait exercer l'homme aimé sur elle. Mais entrant dans l'âge adulte, c'est également l'impérieuse évidence du désir sexuel qui se révèle à elle. On nous dit que la relation sexuelle entre Beauvoir et Sartre a été brève, qu'elle n'a duré que quelques années. Des indiscrétions ont circulé sur les qualités semble-t-il limitées de Sartre en la matière[34]... Il n'en reste pas moins que, à partir du moment où Beauvoir découvre la sexualité, ce n'est que bien malgré elle qu'elle y renonce pendant certaines périodes et s'accommode des manquements ou des trahisons de Sartre. Elle insiste à plusieurs reprises dans ses mémoires sur l'importance de cette découverte, sur les souffrances du manque sexuel, sur la joie de "retrouver un corps", ainsi que sur ce que les liaisons avec d'autres hommes, et en particulier Nelson Algren, ont pu lui apporter de plus en la matière. C'est seulement quand le désir est spirituel *et* sexuel que peut être atteint le sentiment de l'accomplissement androgyne. Le manque de l'un ou de l'autre est ressenti comme une mutilation. Par contre, quand le corps et l'esprit sont à l'unisson, l'union sexuelle, ainsi qu'on l'a déjà évoqué à propos du *Sang des autres*, est un éblouissement des sens et de l'esprit, un débordement de toutes les énergies *se fécondant* les unes les autres. La sexualité, quand elle est vécue dans la liberté d'un choix, est transgression de toutes les limites et de toutes les frontières, en particulier de celles établies par l'homme entre le corps et l'esprit, entre l'homme et la femme, entre le frère et la soeur. La transgression du tabou de l'inceste entre le frère et la soeur devient le symbole de la réunion possible des contraires que l'on a voulu séparer en niant leur caractère complémentaire. Ou bien inversement, le tabou de l'inceste entre le frère et la soeur symbolise l'opposition de la société à la réalisation de l'être total, non mutilé, de l'être androgyne, enfin réconcilié avec lui-même, pouvant accéder à

---

34. On pourrait citer à ce sujet Simone de Beauvoir elle-même parlant de Sartre, dans les *Lettres à Nelson Algren*, Paris, Gallimard, 1997, p. 218 : "C'est un homme chaleureux, vivant, en tout sauf au lit."

l'accomplissement de toutes ses facultés et de toutes ses potentialités dans et par l'alliance tant sexuelle que spirituelle avec l'autre. Simone de Beauvoir rompt résolument avec toute une tradition de la littérature occidentale de l'époque moderne qui fait de l'androgynie un état neutre, apolaire, où les contraires s'annulent, où les désirs se taisent; un état conciliable avec l'ordre social, lavé, blanchi du paradoxe scandaleux et subversif qui définit l'androgynie dès l'origine. Pour la femme du XXe siècle en quête d'accomplissement et de totalité — en quête d'elle-même définie par elle-même — il ne peut être question de renoncer ni à son animalité ni à son intellectualité. L'amour est transgression, ou il n'est pas.

Le face-à-face du frère et de la soeur dans Les Mandarins ou du mythe à l'utopie

Si Sartre est caractérisé dans les *Mémoires d'une jeune fille rangée* et *La Force de l'âge* comme "l'exact témoin", le double, l'*alter ego* , le frère jumeau, il est vrai aussi que, dès le départ, ce double est défini comme supérieur, placé au-dessus du moi :

> « Membre d'une espèce priviliégiée, bénéficiant au départ d'une avance considérable, si dans l'absolu un homme ne valait pas plus que moi, je jugerais que, relativement, il valait moins : pour le reconnaître comme mon égal, il fallait qu'il me dépassât. »[35]

> « Sartre n'avait que trois ans de plus que moi; c'était (...) un égal; ensemble nous partions à la découverte du monde. Cependant je lui faisais si totalement confiance qu'il me garantissait, comme autrefois mes parents, comme Dieu, une définitive sécurité. Au moment où je me jetai dans la liberté, je retrouvai au-dessus de ma tête un ciel sans faille (...). »[36]

---

35. MJFR, 202.
36. FDA, 33.

Cela peut sembler totalement paradoxal, mais il s'agit ici bien sûr, comme Beauvoir l'a d'ailleurs toujours reconnu et admis, de survivances d'une réalité et de représentations symboliques que les femmes subissent depuis des siècles. Narcisse est sur la rive, et son double dans l'eau est en-dessous de lui, ce qui signifie, dans l'espace hiérarchisé qui est le nôtre, qu'il est inférieur à lui. L'autre peut être d'autant plus facilement repoussé qu'il est inférieur. L'axe du face-à-face est horizontal. Si la femme ose se penser l'égale de l'homme et se mettre en quête de son double, elle commence malgré tout à le placer au-dessus d'elle. Il serait d'ailleurs plus juste de dire qu'elle le *trouve* d'abord placé au-dessus d'elle, et qu'elle tente, comme on le voit dans une des citations précédentes, de s'en accommoder, voire de le justifier. Face à ses aspirations d'égalité et de réciprocité, elle trouve un monde qui, non seulement dans son organisation politique et sociale, mais aussi dans les représentations symboliques qui le justifient et le perpétuent, fausse de prime abord ses aspirations et ses représentations, faute de lui offrir des références ou des modèles pour la guider. Ainsi, il ne suffit pas de désirer le face-à-face; il faut *réorienter l'espace* où il se situe, c'est-à-dire le situer dans un axe vertical. Quand l'axe du regard est vertical, il n'y a plus ni bas ni haut, ni supérieur ni inférieur. Il y a à la fois frontalité et réciprocité, on pourrait même dire que la frontalité est le gage de la réciprocité (ou de l'égalité). C'est peut-être là une des raisons qui font du miroir, de la psyché, et non plus de la surface de l'eau, un des emblèmes de la puissance féminine et en tout cas un accessoire indispensable de la conquête féminine d'identité. Il ne suffit pas que la femme sorte de l'eau qu'elle habite comme nymphe depuis des siècles, et aborde sur la rive. Encore faut-il que sur la rive elle se dresse, et cherche l'autre en face d'elle.

Le roman *Les Mandarins* met en scène le face-à-face de deux êtres vraiment égaux, Anne et Henri. Le miroir de l'un n'est ni la surface de l'eau, ni même la psyché; c'est le regard de l'autre, de l'amant-frère, le regard où se focalisent le désir et l'intelligence, où se rassemblent les contraires. Anne et Henri ne sont pas liés par le sang, ils ne sont pas déclarés être frère et soeur dans le roman, mais des liens secrets et mystérieux, en filigrane, ainsi que l'éclairage sans ambiguïté du commentaire donné dans l'autobiographie, les font apparaître comme les deux pôles d'un même être. Beauvoir affirme en effet dans *La Force des choses* qu'Anne et Henri incarnent les aspects antagonistes et complémentaires de sa personnalité :

« Beaucoup de raisons m'incitèrent à placer auprès d'Anne un héros masculin. (...) Si j'avais chargé Anne de la totalité de mon expérience mon livre aurait été, contrairement à mon intention, l'étude d'un cas particulier. (...) Beaucoup plus qu'un homme, une femme qui a pour vocation et pour métier d'écrire est une exception. (...) Je n'ai donc pas confié mon stylo à Anne, mais à Henri(...) Ce sont surtout les aspects négatifs de mon expérience que j'ai exprimés à travers elle : la peur de mourir et le vertige du néant, la vanité du divertissement terrestre, la honte d'oublier, le scandale de vivre. La joie d'exister, la gaieté d'entreprendre, le plaisir d'écrire, j'en ai doté Henri. »[37]

Si Anne et Henri ne sont pas déclarés frère et soeur dans le roman, si leur parenté n'est pas explicitée, c'est qu'elle est plus mystique que réelle, plus mystérieuse qu'explicable, et qu'il existe entre eux une relation privilégiée qui va bien au-delà de ce que la société définit par consanguinité. Leur parenté n'existe que dans leur imagination, dans la vision qu'ils ont de leur relation, ce n'en est pas moins cependant un fait réel pour eux, mais pour eux seulement. C'est pourquoi ce lien de parenté ne peut être imposé au lecteur; il ne dispose que de quelques indices. Il est dit par exemple qu'Henri considère Nadine, la fille

37. FDC, 284-288.

d'Anne et de Dubreuilh, comme "une espèce de nièce"[38]. D'autre part, ils ont toujours la connaissance ou le pressentiment magiques de ce que pense ou désire l'autre. Ils entretiennent enfin avec Dubreuilh une relation des plus comparables : avant de se trouver l'un l'autre, eux qui appartiennent à la même génération, ils ont cherché à se définir par rapport à Dubreuilh comme par rapport à un frère aîné, comme s'il leur fallait céder à la fascination de ce frère aîné avant de se trouver. "Dubreuilh occupe dans le livre une position clé puisque c'est par rapport à lui qu'Anne, sa femme, et Henri, son ami, se définissent"[39]. Dubreuilh est le premier miroir dans lequel ils se cherchent avant de se trouver l'un l'autre : avant leur premier et unique face-à-face, Anne et Henri ont tenté en effet, chacun de son côté, un face-à-face avec Dubreuilh — tous deux sans succès. Dubreuilh ne servit qu'à masquer un temps le seul miroir dont ils aient véritablement besoin, le regard de l'autre vraiment égal, du frère jumeau et non du frère aîné :

Les relations d'Anne et de son mari, de vingt ans son aîné, commencèrent par une confrontation intellectuelle dans laquelle, dès le début, les forces sont inégales. Même si Anne croit un moment qu'un face-à-face authentique puisse avoir lieu, la différence d'âge reste le signe tangible de l'inégalité prévalant aux relations. Très vite, Anne abandonne tout critère personnel de vie. Il n'y a plus alors de face-à-face, même dans l'inégalité, mais abandon, soumission totale de la femme dans l'amitié, symbolisés par le côte-à-côte "bras dessus bras dessous"[40]. Henri, quant à lui, a subi l'ascendant de Dubreuilh, mais uniquement sur le plan intellectuel : Dubreuilh est un maître auquel il doit se confronter. Après le premier échec, Henri recourt à une ruse d'homme : il utilise une femme, la fille d'Anne et de Dubreuilh, Nadine, pour tenter à nouveau un face-à-face :

---

38. *Les Mandarins*, I, 83.
39. FDC, 285.
40. *Les Mandarins*, I, p. 59 par exemple.

« La tête de Dubreuilh sur un oreiller, à quoi cela ressemblait-il? »[41]

Mais il est évident que cette tentative ne peut être qu'un faux-semblant : il ne peut y avoir de face-à-face à trois, il n'y aura jamais de face-à-face Henri/Dubreuilh. Le fossé entre eux est trop grand. Jamais non plus de face-à-face Henri/Nadine : leur mariage ne fait que reproduire, dans une autre version, celui d'Anne et de Dubreuilh. Ce mariage est d'ailleurs incestueux en quelque sorte, puisqu'il a lieu après l'échec du "flirt" entre Anne et Henri. Car l'intelligence exceptionnelle qui règne entre ces deux personnages n'est pas seulement spirituelle : le désir d'Henri pour Anne ne fait pas de doute. En la faisant danser, il s'avoue que "si elle n'avait pas été une vieille amie et la femme de Dubreuilh, il lui aurait volontiers fait un doigt de cour"[42]. Anne, quant à elle, accueille avec gêne et grand déplaisir la liaison de sa fille avec Henri et tente de l'en dissuader. Anne et Henri sont chacun de leur côté en quête de l'âme soeur, mais quand vient l'instant où ils sont sur le point de se trouver, ils le laissent passer. Lors d'une nuit de fête, isolés tous les deux, loin des amis, au milieu de la foule, il leur semble soudain que le monde, dans un grand bouleversement, peut basculer vers quelque chose d'inconnu merveilleusement exaltant :

« Au milieu des chants et des rires nous avons dérivé jusqu'à la place de l'Opéra, tout ensanglantée de lumières et de draperies rouges; c'était un peu effrayant parce que si on avait trébuché, si on était tombé, on aurait été foulé aux pieds; mais aussi c'était exaltant; rien n'était conclu, le passé ne ressusciterait pas, l'avenir était incertain : mais le présent triomphait et il n'y avait qu'à se laisser porter par lui, la tête vide, la bouche sèche, le coeur battant.

---

41. Ibid., 25.
42. Ibid., 22.

- Vous ne boirez pas un verre? proposa Henri. »[43]

Le long tête-à-tête qui commence ici est celui de deux êtres qui s'ouvrent leur coeur en toute liberté et réciprocité, leurs yeux parlent autant que leur voix; rien ne fait écran, il n'y a pas de frontière opaque entre eux; dans le miroir des yeux de ce frère et amant imaginaire, Anne, la psychanalyste, découvre en elle des désirs, des aspirations, des frustrations jusqu'ici inconnus d'elle. C'est un face-à-face où l'échange ose aller au plus profond des problèmes tant intellectuels qu'affectifs, un moment de communion, le pressentiment de l'accomplissemnt possible. En parlant de Dubreuilh, de leur activité respective, de leurs déceptions, de leurs aspirations, ils s'avouent que leur vie n'est pas ce qu'ils la voudraient être, et il s'en faut de peu que l'intimité intellectuelle et amoureuse ne se prolonge dans un lien plus étroit et plus fort :

« Déjà ce tête-à-tête était passé. Il fallait rentrer à la maison pour le souper. L'intimité, la confiance de cette heure, nous aurions pu la prolonger jusqu'à l'aube : par-delà l'aube peut-être. Mais pour mille raisons il ne fallait pas essayer. Ne fallait-il pas? En tout cas, nous n'avons pas essayé. »[44]

Quelles sont les "mille raisons" invoquées mais non explicitées qui leur interdisent de concrétiser l'intimité de leur rencontre, de consacrer ce moment fugitif où l'accomplissement semble si proche? On ne le saura jamais. C'est comme si planait un tabou sur cette union, un interdit évident mais inavouable, comme si elle était condamnée d'avance. Est-ce le tabou de l'inceste qui opère ici de façon souterraine et perverse? Mais celui-ci n'empêchera pas le mariage d'Henri et de Nadine. Il semble en fait que les individus doivent encore subir le handicap

---

43. Ibid., 312.
44. Ibid., 320.

qui sépare et hiérarchise les principes complémentaires : seuls les couples formés par des partenaires qui ne sont pas sur un pied d'égalité concrétisent leur relation. Comme si le face-à-face entre deux individus vraiment égaux ne pouvait avoir lieu qu'un soir de fête, fugitif et exceptionnel, un soir où n'ont plus cours les limites, les frontières qui structurent et hiérarchisent l'espace et le temps de la cité.

Dans ce cas, il se pourrait que l'interdit de l'inceste prohibât moins l'acte lui-même que l'*égalité* ou la recherche d'égalité qui anime les amants.

Quelles que soient les "mille raisons", en tout cas, une frontière n'est pas franchie. L'androgynie est traitée dans *Les Mandarins* comme une u-topie au sens étymologique du terme : elle est envisagée, pressentie, esquissée, espérée, mais elle n'a pas *lieu*. Même au sein du roman, le mythe ne peut survivre que sous la forme de l'utopie.

L'amant américain ou le côte-à-côte dans le miroir

Après l'échec du face-à-face du frère et de la soeur, *Les Mandarins* met en scène une autre tentative de l'accomplissement androgyne. Anne a suivi le conseil d'Henri, elle s'est rendue en Amérique; là, en redécouvrant l'amour, elle naît à une nouvelle vie :

« Moi qui depuis si longtemps n'avait plus de goût, plus de forme, je possédais de nouveau des seins, un ventre, un sexe, une chair; j'étais nourrissante comme le pain, odorante comme la terre. »[45]

Un monde nouveau naît avec elle, où le temps et l'espace se rassemblent dans l'immédiateté de la sensation :

---

45. *Les Mandarins*, II, 39.

« J'embrassai ses yeux, ses lèvres, ma bouche descendit le long de sa poitrine; elle effleura le nombril enfantin, la fourrure animale, le sexe où un coeur battait à petits coups; son odeur, sa chaleur me saoulaient et j'ai senti que ma vie me quittait, ma vieille vie avec ses soucis, ses fatigues, ses souvenirs usés. Lewis a serré contre lui une femme toute neuve. J'ai gémi, pas seulement de plaisir : de bonheur. Le plaisir, autrefois je l'avais apprécié à son prix; mais je ne savais pas que ça pouvait être si bouleversant de faire l'amour. Le passé, l'avenir, tout ce qui nous séparait mourait au pied de notre lit : rien ne nous séparait plus. »[46]

L'eau — l'eau de l'océan, bien sûr, et l'eau des lacs auprès desquels est vécue leur liaison — accompagne comme un leit-motiv l'histoire d'Anne et de Lewis (fortement inspirée, on le sait, de celle que Beauvoir vécut elle-même avec Nelson Algren). Le lac va refléter l'évolution de leur amour et de la représentation que s'en fait Anne. Plus exactement, il reflète la tentative faite pour *inscrire cet amour à la surface du monde*. Très vite, en effet, Anne se sent comme à l'étroit, enfermée dans la chambre d'amour; elle est devenue "un cachot" : "l'air y était trop lourd, trop riche (...)"[47]. En aucun cas, l'amour ne peut se vivre à l'écart du monde; il ne peut être question de repliement sur soi ou de narcissime à deux. "Mais dehors, la terre était dépeuplée, il faisait froid."[48] Il s'agit pour la femme de trouver à cet amour une place dans le monde, de l'intégrer en son sein, de le *mettre au monde*. Et pour le mettre au monde, il faut tout d'abord projeter son image *dans* le monde; elle fera plusieurs tentatives, et c'est là que le lac, si l'on peut dire, entre en scène.

Lors de la première descente vers le lac, la femme est totalement envoûtée, il lui semble "que toute (sa) vie avait été une longue maladie dont (elle) était en train de (se) guérir"[49] ;

---

46. Ibid., 55.
47. Ibid., 43.
48. Idem.
49. Ibid., 40.

bien au chaud dans le cocon de la volupté, elle croit vivre un rêve :

> « (...) Il caressait mes cheveux, il me disait des mots simples et doux, il faisait glisser à mon doigt une vieille bague de cuivre; je regardais l'anneau, j'écoutais les mots insolites; sous ma joue, j'épiais les battements familiers d'un cœur inconnu. Rien ne m'était demandé : il suffisait que je sois juste ce que j'étais et un désir d'homme me changeait en une parfaite merveille. C'était tellement reposant que si le soleil s'était arrêté au milieu du ciel, j'aurais laissé couler l'éternité sans m'en apercevoir. »[50]

Le monde aussi semble être un beau rêve, trop beau pour être vrai, comme une belle image sortie tout droit de l'enfance :

> « Il y avait des enfants qui jouaient aux Sioux dans les buissons et beaucoup d'amoureux qui se tenaient les mains; des yachts glissaient sur l'eau luxueuse, des avions nains, rouges, jaunes et vernis comme des jouets, tournaient en rond au-dessus de nos têtes. »[51]

Le lac ne joue pas son rôle, il ne fait que renvoyer au couple, figé dans ses amours éternelles, son image : une belle image, qui n'a rien à voir avec un rapport réel au monde, qu'il s'agit d'abord de définir et ensuite de construire. C'est une fois de plus dans la psyché que la femme va retrouver le sens de la réalité et prendre conscience des difficultés en perspective :

> « Il y avait une grande glace à côté de la porte et ensemble nous avons souri à notre reflet. Ma tête arrivait juste à la hauteur de son épaule, nous avions l'air heureux et jeunes, et je dis gaiement : "Quel beau couple! »[52]

---

50. Ibid., 40-41.
51. Ibid., 40.
52. Ibid., 42.

La jubilation est de courte durée :

« Et puis mon coeur se serra : non; nous n'étions pas un couple;
nous n'en serions jamais un. Nous aurions pu nous aimer : en
quel point du monde, en quel temps? En tout cas nulle part sur la
terre, en aucun point de l'avenir. »[53]

Anne, on le sait, a fait sa vie ailleurs; il ne peut être question
pour elle d'y renoncer. Tout ce qu'elle peut envisager, c'est de
vivre de *l'un et l'autre côté de l'océan* — de l'un et l'autre côté
de ce miroir du monde —, c'est seulement à ce prix qu'elle aurait
tout. Mais elle sait très bien que l'amant américain n'acceptera
jamais ces va-et-vient, ces prises de distance, de se lier et de se
délier ainsi. Cependant

« l'avant veille de mon départ, nous avons été dîner dans le vieux
restaurant allemand et nous sommes descendus sur le bord du lac.
L'eau était noire sous le ciel d'un gris laiteux; il faisait chaud; des
garçons et des filles à demi nus et tout mouillés se séchaient
autour d'un feu de camp; plus loin des pêcheurs avaient dressé
leurs lignes. (...) Peu à peu le quai est devenu désert. Nous nous
taisions. Le lac haletait doucement à nos pieds, il était aussi
sauvage qu'au temps où les Indiens campaient sur ses rives
marécageuses, qu'au temps où les Indiens n'existaient pas encore.
A gauche, au-dessus de nos têtes, on entendait une grande rumeur
citadine, les phares des autos balayaient les hauts buildings. La
terre paraissait infiniment vieille, absolument jeune. »[54]

On ne dirait pas qu'il s'agit du même lac! Dépouillé de toute
apparence trompeuse, loin des mascarades enfantines, il est
redevenu sauvage, on y perçoit la respiration éternelle de la
nature, sur ses rives, à sa surface, se rassemble le temps passé et

53. Idem.
54. Ibid., 56-57.

à venir, on semble pouvoir passer d'un côté à l'autre du temps, d'un côté à l'autre de la terre; il reflète l'espoir d'Anne de vivre, malgré tout, son amour dans un temps et dans un espace que le couple saurait inventer, modeler, à la mesure de l'amour vécu, par-delà les frontières, de part et d'autre de l'océan. Ainsi, c'est au moment du départ et dans l'espoir du retour que les amants sont le plus près de l'utopie.

Quand elle revient, plusieurs mois plus tard, au bord d'un autre lac, Anne veut croire un moment que tout est encore possible. Quand Lewis lui propose une promenade en barque sur le lac, elle croit entrevoir de nouveau le bonheur, l'utopie :

« Des lucioles s'allumaient dans le crépuscule tandis que nous descendions le petit escalier; je m'assis dans la barque et Lewis repoussa le rivage loin de nous; des herbes gélatineuses s'enroulaient autour de ses rames. Sur l'étang, sur les dunes, c'était une vraie nuit de campagne; mais au-dessus du pont le ciel était rouge et violet, un ciel sophistiqué de grande ville : les feux des hauts-fourneaux le brûlaient. "C'est aussi beau que les ciels du Mississipi", dis-je.
- Oui. Et dans quelques jours, nous aurons une grosse lune.
Un feu de camp crépitait au flanc des dunes; de loin en loin, une fenêtre brillait à travers les arbres; l'une d'elles était la nôtre. Comme toutes les fenêtres qui luisent au loin dans la nuit elle promettait le bonheur. »[55]

Anne et Lewis semblent ici encore très proches d'atteindre ce qu'ils cherchent. Ils sont au point de convergence de deux mondes, entre deux rives, entre ciel et eau, entre ville et campagne, entre monde ancien et monde nouveau. Ils sont au centre du monde. Quand, dans quelques jours, la lune brillera, le monde entier et les amants se refléteront dans l'eau du lac. La promenade en barque sur le lac, c'est la possibilité de voir

---

55. Ibid., 391-392.

reflétée, au sein de la nature, au coeur du monde, dans une sorte de *contemplation cosmique*, une union enfin *consacrée*. La barque est l'île d'utopie : c'est sur un bateau que Tristan et Iseult boivent le philtre...

Mais la promesse s'avère cette fois être trompeuse. D'abord parce que la promenade sous la pleine lune n'aura pas lieu. Ensuite, parce que le côte-à-côte dans le miroir, même s'il s'agit du miroir du monde, ne suffit pas. Glisser à la surface ne suffit pas à la percer. Cela aussi, c'est ou c'est devenu une belle image, un mythe éculé, un faux-semblant, comme la photo qui prétend immortaliser leurs amours :

> « Lewis me saisit par le bras : "Allons donc vous immortaliser, dit-il gaiement. Puisqu'il paraît que vous êtes si séduisante."
> "Pour d'autres, pensai-je tristement, et plus jamais pour lui." Je me suis assise à côté de lui dans un aéroplane peint, et j'ai eu bien du mal à sourire; il ne remarquait pas mes robes, pour lui je n'avais plus de corps, et à peine un visage. »[56]

Dans le côte-à-côte dans le miroir, il n'est pas possible de passer de l'autre côté du tain. Le miroir ne fait que refléter, il n'est que la *représentation* du couple, il n'est pas *l'espace-limite à transgresser* qui permettrait le mouvement et le rapprochement de l'un vers l'autre. Ce n'est ni au bord, ni à la surface du lac, que leur amour devrait s'inscrire, mais de part et d'autre de l'océan qui à la fois les sépare et les unit — cet obstacle qui peut devenir passage, cette limite qui les joint, qui les joindrait, à chaque fois que le désir et la volonté d'aimer seraient partagés.

En face de l'homme qui ne *veut* pas aimer, de peur de souffrir, privée du miroir de ses yeux, privée de tout miroir, Anne menace de sombrer :

---

56. Ibid., 398.

« (...) j'avais perdu tous mes souvenirs, et jusqu'à mon image : il n'y avait pas un miroir chez Lewis qui fût à la hauteur de mes yeux, je me maquillais à l'aveuglette dans une glace de poche; c'est à peine si je me rappelais qui j'étais, et je me demandais si Paris existait encore. »[57]

Elle mettra longtemps à comprendre que c'est ainsi qu'il l'assassine : en n'offrant plus à son regard que le mur opaque de ses yeux. Lointaine, les yeux de son âme auraient continué de la voir. A ses côtés, elle est là, mais il réussit à ne plus la voir. Et il ne s'ouvre pas à son regard. L'entente physique n'a pas réussi à déboucher sur une communauté d'esprit. Anne tentait d'inventer un monde de part et d'autre du monde, de l'océan, de cette surface d'eau qu'elle *ose* traverser sans relâche; l'homme répond en se défendant par un compromis meurtrier : il la prend, puisqu'il a besoin d'elle, mais en ayant décidé de ne plus l'aimer. Au lieu de tenter de réinventer l'amour, de réinventer le monde, l'amour frileux de l'homme se retire pour garder la maîtrise.

Faute de s'inscrire dans le monde, cet amour sera inscrit dans l'œuvre, mais comme l'histoire d'un échec, d'un double échec : l'échec de l'histoire d'amour signifie également l'échec d'une certaine utopie.

57. Ibid., 399-400.

6

L'Androgyne écrivain

Exister de l'un et l'autre côté. Exister de part et d'autre. C'est en ces termes que se rêve l'amour. C'est en ces termes également que se conçoit la création. Amour et création sont semblablement inscrits sous le signe du mouvement vers l'autre et de la transgression.

La création littéraire est pour Beauvoir une des manifestations de l'amour. Elle signifie la possibilité de *pénétrer dans l'espace de l'autre*, en soi *et* hors de soi. Placée sous le signe de la frontière *transparente et franchissable* de l'eau, elle est par définition *passage* de l'un à l'autre. Il ne s'agit pas seulement, "en créant un livre, (de) (se) créer (s)oi-même dans la dimension de l'imaginaire"[1], c'est-à-dire de s'autocréer grâce au regard dans le miroir du livre; le double créé, être mythique, "fantôme" ou nymphe, ne se suffit pas à lui-même. Venu de l'eau, de l'autre côté de l'eau, doué d'une formidable force d'amour, de fascination, de pénétration, il *sort de l'eau* pour aller dans le monde :

« Je désirais passionnément que le public aimât mes œuvres; alors, comme George Eliot qui s'était confondue pour moi avec Maggie Tulliver, je deviendrais moi-même un personnage imaginaire : j'en aurais la nécessité, la beauté, la chatoyante transparence; c'est cette transfiguration que visait mon ambition. J'étais sensible, je le suis encore, à tous les reflets qui se jouent dans les vitres ou dans l'eau; je les suivais charmée : je rêvais à me dédoubler, à devenir une ombre qui transpercerait les coeurs et qui les hanterait. Il était inutile que ce fantôme eût des attaches

---

1. TCF, 152.

avec une personne en chair et en os : l'anonymat m'eût
parfaitement convenu (...) »[2]

La frontière de l'eau n'est pas "isolante"; elle signifie moins
séparation que possibilité de contact. Le miroir ne renvoie pas
au même. L'autre de l'autre côté n'est pas "l'impossible à dire"[3].
Le regard dans l'eau va bien au-delà de la contemplation de soi,
ou bien même de l'autre en soi, ou encore de cette autre vision de
soi qu'est l'artiste seul au milieu de l'univers, perdu dans la
contemplation de l'Art et de la Beauté. La création n'est pas là
pour "étancher une soif d'amour" d'ailleurs vite réprimée parce
que "le baiser est impossible" et l'autre élément "inconnu"
comme par exemple dans *Le Traité de Narcisse* de Gide.
Citons-en un passage où apparaît nettement la différence dans la
façon de traiter le symbole du miroir :

« Narcisse cependant contemple de la rive cette vision qu'un désir
amoureux transfigure; il rêve. Narcisse solitaire et puéril s'éprend
de la fragile image; il se penche, avec un besoin de caresse, pour
étancher sa soif d'amour, sur la rivière. Il se penche et, soudain,
voici que cette fantasmagorie disparaît; sur la rivière il ne voit
plus que deux lèvres au-devant des siennes, qui se tendent, deux
yeux, les siens, qui le regardent. Il comprend que c'est lui, —
qu'il est seul — et qu'il s'éprend de son visage. Autour, un azur
vide, que ses bras pâles crèvent, tendus par le désir à travers
l'apparence brisée, et qui s'enfoncent dans un élément inconnu.
Il se relève alors, un peu; le visage s'écarte, la surface de l'eau,
comme déjà, se diapre et la vision reparaît. Mais Narcisse se dit
que la vision est impossible — il ne faut pas désirer une image;
un geste pour la posséder la déchire. Il est seul. — Que faire?
Contempler.
Grave et religieux il reprend sa calme attitude : il demeure —
symbole qui grandit — et, penché sur l'apparence du Monde, sent

2. FDA, 418.
3. Lacan, texte inédit, publié dans: Robert Georgin, *Lacan*, Cistre-
Essais, 1984.

vaguement en lui, résorbées, les générations humaines qui passent »[4]

La création chez Beauvoir est un *acte* d'amour. Le stylo de l'écrivaine veut "transperce(r) les coeurs". Le double est envoyé dans le monde. Dire que celle qui écrit ici ne peut dissocier l'amour de la création, c'est dire également qu'elle ne peut concevoir de frontière imperméable entre vie et littérature. L'art et la réalité appartiennent à deux mondes différents, mais non séparés. Il ne doit pas y avoir enfermement dans l'un ou dans l'autre, mais possibilité de *passage* de l'un à l'autre. L'art, le culte de la beauté, ne doivent pas être un succédané de la vie; ce ne peuvent être une fin en soi. La littérature n'est pas "la vraie vie", selon la fameuse formule de Proust; cependant la vraie vie ne peut se concevoir sans la littérature. "La vie se suffisait", se dit Henri dans *Les Mandarins*. Et il ajoute aussitôt : "le fait est qu'elle ne se suffisait pas puisqu'il avait besoin d'écrire pour se sentir tout à fait vivant"[5]. Beauvoir parle ici probablement par la bouche d'Henri : de même que la vie ne peut se suffire sans la littérature, la littérature ne peut en aucun cas se suffire sans que la vie, qui reste malgré tout "la valeur suprême"[6], ne soit vécue pour elle-même avec le plus d'intensité possible. Dans la conception idéale que Beauvoir ou Henri se font du rapport de la littérature et de la vie, celles-ci ne s'opposent pas; elles sont complémentaires, constitutives l'une de l'autre; le goût d'écrire disparaît quand fléchit le goût de vivre, et vice et versa. Il ne peut s'agir de s'enfermer dans une chambre de liège, de se couper de la vie, pour se consacrer à l'écriture; mais la vie sans l'écriture n'est pas concevable non plus.

---

4. André Gide, *Le Retour de l'enfant prodigue*, précédé de cinq autres traités, Gallimard, 1948, p.25-26.

5. *Les Mandarins*, I, 226.

6. "Sartre avait une foi inconditionnée dans la Beauté qu'il ne séparait pas de l'Art, et moi je donnais à la Vie une valeur suprême", FDA, I, 32.

Cependant Henri, dans le roman, comme Beauvoir, dans la réalité, sont confrontés à des écrivains qui, tout au moins tels qu'ils nous sont présentés, ont fait le choix de privilégier la littérature par rapport à la vie : ils ne vivent *que* pour écrire; c'est le cas du "fanatique" de l'écriture qu'est Dubreuilh vu par Henri dans *Les Mandarins,* et de Sartre, tel que Beauvoir nous le donne à voir dans ses mémoires. Elle insiste en effet sur la différence qui existe entre elle et Sartre à ce propos, d'abord dans les *Mémoires d'une jeune fille rangée* :

« Je m'étais crue exceptionnelle parce que je ne concevais pas de vivre sans écrire : il ne vivait que pour écrire. »[7]

Puis dans *La Force de l'âge* :

« (...) je tenais d'abord à la vie, dans sa présence immédiate, et Sartre d'abord à l'écriture. Cependant, comme je voulais écrire et qu'il se plaisait à vivre, nous n'entrions que rarement en conflit. »[8]

En fait, les choses ne sont pas si simples qu'elle se plaît à le dire ici. Car le compromis trouvé ne fait que masquer des estimations radicalement antagonistes du travail de transformation de la réalité en littérature. Selon Beauvoir en effet, les mots, le récit ont une valeur pour le moins ambivalente, puisque ce n'est qu'après avoir "assassiné" la vie qu'ils la fixent sur le papier :

« Le monde n'arrêtait pas de nous raconter des histoires que nous ne nous lassions pas d'écouter.
Nous n'avions pas tout à fait la même manière de nous y intéresser. Je me perdais dans mes admirations, mes joies :"Voilà le Castor qui entre en transe!", disait Sartre; lui, il gardait son sang-froid et il essayait de traduire verbalement ce qu'il voyait.

7. MJFR, 476.
8. FDA, 167.

Un après-midi, nous regardions des hauteurs de Saint-Cloud un grand paysage d'arbres et d'eau; je m'exaltai et je reprochai à Sartre son indifférence : il parlait des arbres et des forêts beaucoup mieux que moi, mais il ne ressentait rien. Il se défendit. Qu'est-ce au juste que sentir? Il n'était pas enclin aux battements de coeur, aux frissons, aux vertiges, à tous ces mouvements désordonnés du corps qui paralysent le langage : ils s'éteignent et rien ne demeure; il accordait plus de prix à ce qu'il appelait "les abstraits émotionnels" : la signification d'un visage, d'un spectacle l'atteignait, sous une forme désincarnée, et il en restait assez détaché pour tenter de la fixer dans des phrases. Plusieurs fois, il m'expliqua qu'un écrivain ne pouvait pas avoir d'autre attitude; quiconque n'éprouve rien est incapable d'écrire; mais si la joie, l'horreur nous suffoquent sans que nous les dominions, nous ne saurons pas non plus les exprimer. Parfois, je lui donnais raison; mais, parfois, je me disais que les mots ne retiennent la réalité qu'après l'avoir assassinée; ils laissent échapper ce qu'il y a en elle de plus important : sa présence. »[9]

Il faudrait, pour Beauvoir, qu'il fût possible d'écrire *et* de vivre simultanément, que l'un n'exclût pas l'autre, que l'écriture pût saisir l'immédiateté de la vie, et la vie accueillir le temps de l'écriture. Il faudrait pouvoir "trouver le joint" entre vie et écriture, sans que l'écriture ne tue, ne fige la vie, sans que le choix de la vie ne signifie le renoncement à l'écriture :

« Si seulement je pouvais écrire quand j'ai bu; ou rester un peu animée quand j'écris! Il devrait y avoir un joint! »[10]

Le Sang des autres peut être lu comme un roman sur le pouvoir destructeur des mots. Il met en scène un homme, Blomard, qui agit, parle et raconte, et une femme, Hélène, qui vit et qui aime. Le roman montre comment l'homme tue la femme

---

9. Ibid., 47-48.
10. FDC, 453.

par sa capacité à tout transformer en mots et son incapacité à vivre et à aimer.

Henri, quant à lui, veut écrire "un roman gai" qui serait un roman au présent ("il faut l'écrire au présent")[11], un roman qui s'écrirait en même temps que la vie, un roman qui n'assassinerait pas la vie. C'est à Anne qu'il parle en premier de son projet; c'est à Anne qu'il annonce bientôt qu'il a renoncé, lors de ce tête-à-tête où ils renoncent également à s'aimer — cette coïncidence n'est sans doute pas un hasard. Anne n'écrit pas; elle ne fait que tenter de vivre; Henri, son frère de coeur, tente d'écrire. Peut-être fallait-il qu'ils réussissent à s'aimer pour réussir tout à la fois à vivre et à écrire?

En tout cas, Beauvoir a incarné en Henri sa conscience des dangers et des limites de la littérature, ou tout au moins de l'écriture, telle qu'on la conçoit généralement dans l'Occident moderne. On voit qu'elle est loin de l'avoir idéalisée. Et cependant, elle n'a pu s'en passer. Une fois de plus, elle veut tout, elle a besoin de tout, essaie de ne renoncer à rien de ce qui lui est nécessaire pour être elle-même. Elle est femme *et* elle est écrivain; elle veut vivre, aimer tout son soûl *et* elle veut écrire, et il n'est pas question pour elle de renoncer à aucun des deux termes de la conjonction, même s'il apparaît que finalement ils entrent souvent en conflit. Il semble bien qu'elle ne se résolve pas à abandonner la littérature au parti de la mort, peut-être parce qu'on n'a que trop vite tendance à le faire, dans la tradition qui est la nôtre, sans prendre la peine d'imaginer qu'elle puisse être différente, adonnée à la vie. Visiblement ce n'est pas sans un certain malaise, sans certains doutes, sans une certaine difficulté d'adaptation qu'elle arrive en tant qu'écrivain-e dans un monde qui est essentiellement un monde d'hommes, façonné par les hommes pour les hommes — et c'est d'ailleurs dans un homme, Henri, qu'elle incarne ses doutes d'écrivain. Certes, elle ne cherche pas, contrairement à d'autres femmes, qui viendront

11. *Les Mandarins*, I, 226.

d'ailleurs surtout après elle et seront conscientes d'arriver dans un système symbolique codé par le pouvoir phallocratique du Père, à inventer une autre forme d'écriture, témoignant, peut-être d'un autre rapport de l'écrivain à son texte. Même au niveau théorique, on ne trouve pas de réflexion à ce sujet chez elle. Beauvoir ne fut pas novatrice au niveau formel. Cependant, comme on vient de le voir, on trouve dans son œuvre nombre de pistes qui témoignent de la tentative de réconcilier l'écriture et la vie. Toute consciente qu'elle est du pouvoir de mort du mot, et peut-être même du fait que "le roman est une mort"[12], elle va chercher à retourner le pouvoir de mort de l'écriture en l'arrachant à sa mission fondamentale de reconstitution du passé pour indiquer *l'être de l'à-venir*. A la fin de *La Force de l'âge*, Beauvoir évoque deux notions très intéressantes : celle de sincérité littéraire et celle d'horizon :

> « (...) la sincérité littéraire n'est pas ce qu'on imagine d'ordinaire : il ne s'agit pas de transcrire les émotions, les pensées, qui instant par instant vous traversent, mais d'indiquer les horizons que nous ne touchons pas, que nous apercevons à peine, et qui pourtant sont là (...) ».[13]

La transparence — ou, ici, la sincérité — n'a rien à voir avec la transcription de la "réalité", avec la mise-à-nu, la *visibilité totale*. Elle n'est pas l'écriture de ce qui est, mais une percée vers des "horizons" presque invisibles, encore inaccessibles, juste pressentis, mais qui cependant existent et qu'il *n'est pas impossible* d'atteindre. Il n'y a pas de frontière opaque qui nous sépare de l'autre, de l'ailleurs; il est par définition au-delà de l'espace qui nous délimite ("que nous ne touchons pas"), à la limite du visible et de l'invisible ("horizon"), mais suffisamment

---

12. Roland Barthes, *Le Degré zéro de l'écriture*, Ed. du Seuil, coll. Points, p. 32.
13. FDA, 694-695.

perceptible pour que puissions aller vers lui et tenter de le mettre en lumière. L'autre est *à l'horizon* de notre perception. Ainsi, *le mouvement vers l'altérité, le regard vers l'autre, devient la mission essentielle de la littérature.*

Cette altérité recherchée n'est ni totalement imaginaire (elle est là), ni totalement donnée (nous ne la touchons pas). En définissant ce qu'elle entend par "sincérité littéraire", Simone de Beauvoir redéfinit en même temps l'utopie littéraire : ce n'est pas ce pays imaginaire qui n'existe nulle part (u-topia) mais qui peut être saisi, décrit, comme s'il avait été rejoint. Là encore la distance ne signifie ni absence ni mirage, et l'altérité ni inaccessibilité, ni, à l'inverse, annexion. L'utopie *se situe dans le mouvement même qui porte* vers ce qui n'existe pas encore, vers ce que "nous apercevons à peine", ce qui est juste pressenti.

Mais que peuvent devenir ces notions d'utopie ou de sincérité littéraires ainsi définies dans l'autobiographie?

L'autobiographie ambiguë

"Je est un autre" : la célèbre formule de Rimbaud a déjà servi à montrer toute l'ambiguïté de l'énonciation autobiographique. L'autobiographie est un genre ambigu par définition parce que, plus encore qu'un autre, il repose sur *l'illusion* de la coïncidence entre le Je réel et le Je du récit — coïncidence impossible ne serait-ce que parce que l'on passe d'un univers (celui de la réalité) à un autre (celui de l'énonciation de la réalité). En fait, les limites entre les genres ne sont pas aussi nettes que l'on voudrait le croire : il s'agit dans tous les cas pour un écrivain de "se créer soi-même dans la dimension de l'imaginaire"[14]. Cependant, il est clair également que si l'auteur choisit le genre autobiographique, c'est qu'il a besoin de l'illusion constitutive de ce genre littéraire.

---

14. TCF, 152.

Sans doute prévenue par les péripéties de la réception des deux premiers tomes de son autobiographie, Beauvoir prend soin, dans l'avant-propos de *La Force des choses* et dans *Tout compte fait*, d'attirer l'attention du lecteur sur le fait qu'il n'y a pas d'objectivité possible. Il s'agit pour elle de :

> « tirer au clair ma vie et moi-même; du moins dans la mesure où je me situe dans mon propre univers. (...) Je suis objective dans la mesure, bien entendu, où mon objectivité m'enveloppe. »[15]

Dans tout type d'œuvre, l'auteur "se donne une constitution fictive" :

> « Le *je* qui parle se tient à distance du *je* vécu comme chaque phrase de l'expérience dont elle émane. Si le public ne les avait pas confondus, *La Force des choses* n'aurait pas si facilement prêté à un malentendu (...). »[16]

Les possibilités diverses offertes par les différents genres littéraires permettent à un écrivain, du moins dans le cas de Beauvoir, d'essayer de "capter (...) la réalité innombrable qui l'investit"[17]. C'est donc dans la somme de ses œuvres, et non dans la seule autobiographie, on ne peut que le répéter, qu'il faut chercher "la personnalité vivante d'un auteur" ou plus exactement, selon Beauvoir elle-même, dans "l'espèce de dialectique"[18] que ses œuvres entretiennent entre elles.

Dans *La Force de l'âge*, Beauvoir n'avait pas pris toutes ces précautions, ou plutôt elle avait bien cultivé l'illusion que ce qu'elle allait raconter était la "vérité". Son avertissement au lecteur est en effet pour le moins ambigu : les précautions qu'elle

---

15. FDC, 9.
16. TCF, 132.
17. FDA, 695.
18. Idem.

prend renforcent en fait l'idée que ce qu'elle ne laisse pas "dans l'ombre" "colle" à la réalité :

> « (...) si j'ai pu sans gêne, et sans trop d'indiscrétion, mettre à nu mon lointain passé, je n'éprouve pas à l'égard de mon âge adulte le même détachement et je ne dispose pas de la même liberté. Il ne s'agit pas ici de clabauder sur moi-même et sur mes amis; je n'ai pas le goût des potinages. Je laisserai résolument dans l'ombre beaucoup de choses. »[19]

Ce n'est, de façon remarquable, qu'à la fin de l'œuvre, qu'elle nous livre, comme on l'a vu plus haut, une réflexion beaucoup plus approfondie sur la notion de sincérité littéraire qui "n'est pas ce que l'on imagine d'ordinaire", et qu'elle souligne qu'il s'est agi avant tout pour elle "d'indiquer les horizons que nous ne touchons pas, que nous apercevons à peine, et qui pourtant sont là"[20]. *La Force de l'âge* s'étend — est *tendue* — entre ces deux pôles constitués par le prologue et la fin du texte : illusion de sincérité, relativisation et redéfinition de la sincérité littéraire. C'est là l'ambiguïté fondamentale de l'œuvre. Après avoir créé l'illusion de la coïncidence entre le Je réel et le Je du récit, Beauvoir cherche à la détruire, ou tout au moins à la corriger, en insistant sur le fait que la sincérité autobiographique ne consiste pas à retranscrire avec exactitude la surface des faits, mais à indiquer ce qu'ils pourraient être. Etrange conception de la sincérité! En fait on aura compris que l'autobiographie cherche à se situer dans l'espace dialectique qui s'étend de ce que l'on entend d'ordinaire par sincérité à une sincérité beaucoup plus profonde qui exprime et énonce quelque chose de non visible, de non tangible peut-être, mais quelque chose de réel, "qui est là", même si cela est plus pressenti, plus désiré, que réalisé : l'aspiration et la quête fondamentales de toute une vie, l'androgynat, réalisé dans le couple.

---

19. FDA, 10-11.
20. FDA, 694-695.

Il ne faut donc pas s'étonner que le récit des rapports de Beauvoir à Sartre tel que le fait Beauvoir ne corresponde pas tout à fait à ce dont les commérages en tout genre, les commentaires sur les correspondances, les témoignages et biographies plus ou moins malsains, orchestrés par des *mass media* friands de potinages méchants, se sont faits goulûment l'écho. Il suffit d'ailleurs de lire ses romans pour se rendre compte que ses relations avec les hommes, et Sartre en particulier, n'ont certainement pas été aussi idylliques qu'elle nous le laisse entendre parfois, et qu'elle a toujours énormément souffert de ce qu'elle décrit comme l'incapacité des hommes à aimer[21]. Ce n'est pas simplement une "légende"[22] que Beauvoir nous donne donc à lire dans son autobiographie, mais sa vie telle qu'elle l'a vécue *et* qu'elle la réécrit, sa vie relevant à la fois de la réalité *et* de l'imaginaire, du vécu *et* du projet, de ce qui a été *et* de ce qui aurait dû être, du mythe *et* de l'utopie.

Cependant, par-delà les intentions, on peut cependant se demander si elle avait véritablement évalué les difficultés formelles qu'il était nécessaire de surmonter pour réussir à insuffler dans son œuvre la dimension d'avenir qu'elle souhaitait y introduire, et si ce n'est pas un peu tard, seulement vers la fin de son entreprise, qu'elle se rend compte du décalage qui existe entre ce qu'elle voulait faire et ce qu'elle a fait. Bien des années ont passé quand, réfléchissant sur les premiers volumes de son autobiographie, elle écrit dans le prologue de *Tout compte fait* :

21. Cf. à ce propos : Françoise Rétif, *Simone de Beauvoir et Ingeborg Bachmann : Tristan ou l'Androgyne?*, op. cit.
22. Cf. Michel Contat, "Une philosophie pour notre temps", op. cit. p. 23 : "Le couple Sartre-Beauvoir est une légende au sens propre du terme, c'est-à-dire quelque chose qui a été fabriqué et vécu pour être donné à lire, une légende volontaire dont Beauvoir s'est fait l'artisan par ses mémoires. Sartre ne les a jamais contredits, sans lui-même contribuer en quoi que ce soit à la légende du couple. Il a toujours écrit une littérature de célibataire." S'il faut vigoureusement contester l'opinion que Michel Contat se fait et nous transmet du rapport existant pour Beauvoir entre vie et littérature, il ne fait pas de doute qu'il a raison de souligner que Sartre, contrairement à Beauvoir, écrivit toujours "une littérature de célibataire".

« En la contenant dans des phrases, mon récit fait de mon histoire une réalité finie, qu'elle n'est pas. Mais aussi il l'éparpille, la dissociant en un chapelet d'instants figés, alors qu'en chacun passé, présent et avenir étaient indissolublement liés. Je peux écrire : je me préparai à partir pour l'Amérique. Mais l'avenir de ce vieux projet a sombré derrière moi comme le projet même qu'aucun élan n'anime plus. D'autre part, chaque époque était hantée par d'autres, plus anciennes; (...) En suivant la ligne du temps, je m'interdisais de rendre ces emboîtements. J'ai donc échoué à donner aux heures révolues leur triple dimension : elles défilent, inertes, réduites à la platitude d'un perpétuel présent, séparé de ce qui le précède et de ce qui le suit. »[23]

Ce qu'elle regrette ici, dans ce constat d'échec très lucide, ce n'est pas, contrairement à ce qu'affirme péremptoirement et avec une mauvaise foi consternante Philippe Lejeune par trop enclin à mesurer Beauvoir à l'aune de Sartre et n'hésitant pas à l'accuser de l'avoir "copié" pour une œuvre écrite *avant* celle du maître (mais on sait bien qu'il y a toujours un homme derrière toute œuvre féminine!) — ce n'est pas que soit trahi l'être-en-soi du passé, mais que le récit au passé trahisse la vie, dans la mesure où il ne peut se faire dans les trois dimensions dont chaque instant de vie est chargé, puisque dans chaque instant aboutit le passé et se prépare l'avenir[24]. A chaque instant le récit bascule

24. Philippe Lejeune, *Le Pacte autobiographique*, Ed. du Seuil, 1975, 357 p. A propos de la mauvaise foi et du parti-pris qui régissent parfois les commentaires des critiques, il me faut citer le passage suivant, tiré d'un chapitre consacré à Sartre bien évidemment : "L'échec de Simone de Beauvoir était prévisible dès le début des *Mémoires d'une jeune fille rangée*. Une étude comparative de la technique du récit dans le premier chapitre de ces *Mémoires* et dans *Les Mots* montre en effet deux choses : *en apparence*, Simone de Beauvoir a l'air d'utiliser une dialectique analogue à celle de Sartre, au point de donner à son texte, publié avant *Les Mots*, mais écrit après que Sartre en a rédigé la première version, une allure de copie; mais *en réalité*, dès qu'on analyse l'ordre du récit, on voit qu'il n'en est rien. Dans *Les Mots*, la dialectique se déguise en chronologie; dans les *Mémoires*, c'est la chronologie qui essaie de se faire prendre pour une dialectique. Sartre suit

dans le passé de l'accompli, alors qu'elle l'aurait voulu tendu entre les deux pôles de la dialectique, entre l'accompli et l'inaccompli, entre le mythe et l'utopie. Sans doute est-elle victime de "la sincérité (qui) a besoin de signes faux, et évidemment faux, pour durer et être consommée"[25], c'est-à-dire de l'ambiguïté fondamentale de l'écriture, comme l'entend Barthes définissant le piège dans lequel est enfermé tout écrivain. Car, si le passé est bien sûr le temps authentique de l'autobiographie dans *La Force de l'âge* (comme dans les *Mémoires d'une jeune fille rangée*) puisque, en 1960, l'essentiel de sa vie et de sa liaison avec Sartre est déjà derrière elle, il est en outre et avant tout "l'instrument idéal de la construction d'un univers", le temps qui permet à l'auteur de faire subir à la réalité "la pression ingénieuse de sa liberté", "l'expression d'un ordre et par conséquent d'une euphorie"[26]. Il est le temps du mythe, mais difficilement celui de l'utopie. Mais quel serait le temps de l'utopie? Et comment écrire l'utopie au XXᵉ siècle, si ce n'est en réinventant des mythes?

C'est peut-être là que Simone de Beauvoir fut piégée, dans l'incapacité qui fut la sienne d'inventer ou de tenter d'inventer une autre écriture, de donner ou de tenter de donner une forme nouvelle à son intention, fondamentale, essentielle, de réorienter le passé vers l'avenir et la littérature vers la vie.

Son échec, dans l'autobiographie, c'est d'avoir annulé — malgré la tentative, évoquée plus haut, qu'elle fit pour l'introduire à la fin de *La Force de l'âge* — l'espace dialectique si spécifique de toute sa démarche existentielle, philosophique et littéraire, en faisant se rejoindre et se fondre en surface, sur le

---

sans vergogne l'ordre du sens : il maquille en succession chronologique les enchaînements logiques; Simone de Beauvoir, elle, maquille en dialectique la suite très sagement chronologique du récit, et essaie de nous faire prendre pour des articulations de sens les jointures d'une juxtaposition thématique." (p. 236).

25. Roland Barthes, *Le Degré zéro de l'écriture*, op. cit., p. 32.
26. Ibid., p. 26.

tain du livre, au niveau du symbolique, la vie réelle, telle qu'elle
a été vécue, et la vie imaginaire, telle qu'elle s'est rêvée.

Cependant, même si elle a échoué à introduire dans *La Force
de l'âge* la fissure du doute où aurait pu s'engouffrer "une
poussée d'(un) avenir"[27] même hypothétique, "la réalité vivante"
de la vie de Beauvoir et de son autobiographie, elle est sensible
dans le mouvement et l'évolution formelle qui mènent des
Mémoires d'une jeune fille rangée et de *La Force de l'âge* à la
partie ultérieure de l'autobiographie, et en particulier à *La Force
des choses*, cette œuvre du début des années soixante où,
brusquement, le passé achoppe sur l'irruption incontrôlée et
incontrôlable du présent. Porteur d'un doute lancinant, menaçant
à tout instant de faire basculer l'édifice de l'œuvre et de la vie
dans le néant, le présent vient fissurer à tout instant le récit. Une
fois de plus, Beauvoir se distingue dans la remise en question
perpétuelle de soi-même et de sa création, dans le
questionnement incessant qui interdit toute certitude définitive,
dans cette progression vers un horizon qui recule au fur et à
mesure que l'on avance. La fissure du doute, il fallait peut-être le
temps, témoignant de l'emprise irréductible de la vie sur l'œuvre
chez Beauvoir, pour qu'elle soit introduite au sein de
l'autobiographie, telle qu'elle *se déroule* sous nos yeux, volume
après volume, dans *son cheminement*. Là encore, les œuvres
doivent être lues dans le rapport qu'elles entretiennent entre elles.
L'autobiographie de Simone de Beauvoir n'est pas un tout
monolithique : elle évolue, elle se transforme, comme son auteur,
elle *se cherche*. Les œuvres plus tardives[28] témoignent de l'échec
de la première tentative autobiographique, qui consistait à fondre
la biographie de l'un et de l'autre, d'annuler la distance dans la
fusion, en faisant coïncider deux réalités différentes, d'une part

---

27. Julien Gracq, *Proust*, Ed. Complexe, 1986, p. 10.

28. *La Force des choses, Tout Compte fait* et également *La Cérémonie
des adieux. Une Mort très douce* me semble également pouvoir être
rattachée à ce cycle.

la Simone de Beauvoir jeune et la Simone de Beauvoir plus âgée dans les *Mémoires d'une jeune fille rangée*, d'autre part la biographie de Beauvoir et celle de Sartre dans *La Force de l'âge*. Dans *La Force des choses*, l'autre reprend de la distance, sans toutefois que ne se rompe l'*attachement* qui le relie au même. L'autre s'éloigne dans le présent qui s'impose — puis le monde se divise, l'œuvre se divise. L'autobiographie s'achève par *La Cérémonie des adieux*.

A partir du début des années soixante, en effet, des années qui, nous le verrons, marquèrent encore plus profondément Beauvoir que d'autres, le projet et l'utopie basculent du côté du bilan. L'autobiographie se dédouble enfin. En face de l'autobiographie au sens traditionnel du terme, s'écrit la biographie de l'autre, de l'autre — la mère ou l'amant-frère — qui a fait, naguère, partie de soi. Quand meurt celui qu'elle avait placé au coeur de sa vie et de son œuvre, malgré vents et marées, Simone de Beauvoir se couche auprès de lui — le geste d'Iseult et son dépassement : elle choisira d'achever sa vie, sa vie d'écrivain, en retraçant sa mort. Toute sa vie, elle a lutté pour que la voix et le regard ne se heurtent pas à un mur, même si le miroir depuis longtemps s'était brisé. Le mur de la mort est insurmontable :

« (...) même si l'on m'enterre à côté de vous, de vos cendres à mes restes il n'y aura aucun passage. »[29]

Cependant jamais le chant d'amour ne fut plus puissant. La mort ne réussirait-elle donc pas à avoir le dernier mot?

---

29. *La Cérémonie des adieux*, Paris, Gallimard, 1981, préface.

Le miroir brisé

7

De la femme divisée à la femme mutilée ou des œuvres polyphoniques aux œuvres monophoniques

On peut distinguer deux groupes au sein de l'ensemble de l'œuvre de fiction de Simone de Beauvoir : les œuvres "polyphoniques", écrites avant 1960, et celles que l'on nommera "monophoniques", écrites après. Que faut-il entendre par là? Et pourquoi le passage de l'un à l'autre groupe s'est-il effectué au début des années soixante?

Le premier groupe, dans un mouvement qui tente avec détermination de relier le passé à l'avenir, met en scène la femme qui se cherche à la jointure de deux mondes, la femme essayant de rejoindre l'autre de l'autre côté du miroir, la femme rêvant d'accomplissement dans l'utopie de l'être androgyne telle que je l'ai analysée précédemment. La lecture de cette quête androgyne dans les premiers romans de Beauvoir ne doit toutefois pas voiler la réalité dont elle est le corollaire : la femme en quête d'accomplissement androgyne est une *femme divisée*, "écartelée entre le passé et l'avenir"[1], déchirée entre le monde des hommes qu'elle ne veut ni ne peut rejeter totalement, et des impératifs, des besoins qui sont les siens propres et que ce monde ne satisfait pas, voire n'identifie même pas. La quête androgyne naît de la prise de conscience de ce déchirement et de la volonté de le dépasser. Analyser en détail les signes littéraires de cette division ne peut se faire dans le cadre de cet essai. Je soulignerai seulement que les romans du premier groupe ont une structure bien particulière, qui leur est propre et qui transcrit formellement la thématique de la division : ou bien en effet ce sont des œuvres polyphoniques, c'est-à-dire qu'ils sont écrits dans une double perspective, celle de l'homme et celle de la femme (Cf. *Le Sang*

---

1. Le Deuxième Sexe, II, 570.

des autres, *Les Mandarins*, et, d'une façon déséquilibrée mais signifiante, *Tous les hommes sont mortels*); ou bien ils inscrivent la division — et la tentative de la dépasser dans la quête androgyne — dans la structure fondamentale du trio en tant que forme déstabilisante du duo, du face-à face (Cf. *L'Invitée*, *Les Mandarins*). Le dualisme homme/femme illustre dans tous les cas les catégories traditionnelles du féminin et du masculin, tout en cherchant à les dépasser dans l'utopie de l'être androgyne, puisque cet être serait justement celui ou celle qui réussirait, malgré toutes les résistances qu'on lui oppose, à réunir en lui, en elle, les qualités traditionnellement féminines et celles traditionnellement masculines — bref, à être un être humain dans toute sa richesse et sa complexité. En attendant que soit possible l'accomplissement d'un tel être, la femme est située du côté de l'amour (Anne, Hélène, Françoise, Paule), l'homme du côté de l'action, de l'Histoire et de l'écriture (Pierre, Henri, Dubreuilh, Brogan, Blomard). On notera que la mort, physique ou symbolique, est toujours celle de la femme, qui meurt seule, victime de l'homme (à part dans *L'Invitée*) et de son incapacité d'aimer (c'est le cas des couples Hélène/Blomard, Anne/Brogan, Paule/Henri, Régine/Fosca)[2]. La structure relativement simple du roman *Le Sang des autres* se complique dans *Les Mandarins*. Les duos se multiplient : il y a non seulement les duos Anne/Henri, Anne/Dubreuilh, Anne/Brogan, mais aussi le duo Henri/Dubreuilh, qui illustre des conceptions antinomiques en matière de littérature[3], ainsi que celui que forment Dubreuilh et Brogan, symbolisant encore plus que les autres l'écartèlement de la femme entre les mondes qu'elle n'arrive pas à concilier. La femme apparaît en fait comme étant le pivot de trios (Anne/Dubreuilh/Henri et Anne/Dubreuilh/Brogan) qui ne font que contrefaire l'habituel triangle adultère femme/mari/amant.

---

2. Cf. Françoise Rétif, *Simone de Beauvoir et Ingeborg Bachmann : Tristan ou l'Androgyne?*, op. cit., p. 32-40 et 81-86.

3. Cf. supra p. 127 et suivantes.

Car il est évident que ce n'est pas ici l'adultère en tant que tel qui est au centre de la problématique. *Le trio, chez Beauvoir, est la représentation symbolique du déchirement de la femme rêvant de totalité.*

Dans *L'Invitée*, le trio est le thème même du roman. Cependant, bien qu'il soit évidemment très significatif qu'il apparaisse dès la première œuvre, il n'y revêt pas exactement la même signification que dans les autres romans : il a pour fonction de dénoncer l'illusion du duo (entre Pierre et Françoise), c'est-à-dire l'illusion de l'amour-fusion. L'héroïne surmonte la prise de conscience de l'illusion en s'engageant avec résolution sur le chemin de la reconquête d'elle-même. En éliminant Xavière, l'a. femme[4], celle qu'elle ne veut pas être, celle qui appartient au passé, elle réussit à coïncider avec elle-même dans le face-à-face, à rejoindre l'identité souhaitée, l'autre en elle. Le trio, dans *L'Invitée*, est encore "hégélien", en quelque sorte : les termes de l'opposition, au sein du roman, sont supprimés dans le dépassement[5]. Ce ne sera plus le cas à partir des *Mandarins* : à partir de cette œuvre en effet, le renoncement à l'un des termes, s'il ne peut être évité, sera toujours ressenti comme une mutilation. Si l'on considère la succession des œuvres (*L'Invitée* 1943, *Les Mandarins* 1954), le passage d'une forme de trio à l'autre montre le chemin parcouru : dans le premier cas, Beauvoir traite la difficulté à accéder à une identité réelle, jusqu'alors occultée, déformée, clandestine; dans le second, son propos est de peindre la difficulté à concilier et à accomplir les pôles traditionnellement antagonistes de l'identité enfin révélée dans toute sa complexité. Il s'agit alors d'essayer de surmonter la schizophrénie de la femme dans la société, la schizophrénie de la

---

4. De façon significative le trio est ici formé de deux femmes et d'un homme.

5. Nous avons vu cependant que le propos doit être nuancé quand on considère qu'est rétablie, dans un second temps, la distance du miroir entre l'auteur et sa protagoniste dans le commentaire autobiographique (Cf. supra p. 87 à 95.).

femme déchirée entre ce qu'elle tente d'être et ce à quoi on la réduit à être, entre le monde qu'elle reçoit et celui qu'elle imagine, entre l'homme tel qu'il est et l'homme tel qu'elle le rêve. Détruire le trio, dans le premier roman de Beauvoir, a, on l'a vu, une valeur cathartique : cela permet à l'héroïne de se libérer des liens sournois qui la retiennent encore prisonnière du passé et de se découvrir enfin au coeur de la véritable problématique qui se pose à elle sur la voie de l'avenir. Dans *Les Mandarins*, la destruction du trio signifie la fin de l'espoir, une mutilation, qui préfigure la mort[6].

Au début des années soixante, se produit en Simone de Beauvoir comme une rupture, une déchirure, provoquée essentiellement par la guerre d'Algérie : une voix, une des deux voix, se brise. A partir de *Une Mort très douce*, elle n'écrira plus que des œuvres où seule une femme est protagoniste, les romans à une voix, ceux de la femme mutilée (*Les Belles Images*, 1966, *La femme rompue*, 1968). La voix féminine se déploie, *faute* de l'autre. Il faut entendre le mot rupture ici au sens propre : il n'y a pas de changement d'orientation — les idées, la pensée, la quête, fondamentalement, restent les mêmes — mais quelque chose *se rompt*, il devient impossible de *relier* par la force de l'écriture les voix différentes, les termes de la division.

Entre les deux groupes de textes, les romans polyphoniques d'une part, et les récits monophoniques d'autre part, se situe le gros bloc des trois plus importantes œuvres autobiographiques (*Mémoires d'une jeune fille rangée*, 1958, *La Force de l'âge*, 1960, *La Force des choses*, 1963), dans lesquelles la femme

---

6. Cf. *Les Mandarins*, II, p. 497 et suivantes : "Que de morts je porte en moi! (...) J'ai assez renié, assez oublié, assez fui, assez menti; une fois, une seule fois et à jamais, je veux faire triompher la vérité. La mort a vaincu : à présent, c'est elle qui est vraie. Il suffit d'un geste et la vérité deviendra éternelle. (...) Je mourrai seule; pourtant ma mort ce sont les autres qui la vivront.

Longtemps je suis restée devant la glace à regarder mon visage de rescapée."

écrivain fait une tentative désespérée pour vaincre par l'écriture la schizophrénie, le fossé, qui menacent de s'établir entre la lecture qu'elle fait de son passé et l'avenir tel qu'il risque de s'imposer — *La Force des choses* se trouvant déjà au point de rupture, là où le passé rejoint la déchirure implacable du présent[7].

Ainsi, tandis que les œuvres du premier groupe témoignent de la quête de la totalité, de la volonté de dépasser la division, celles du second groupe — auquel on peut rattacher non seulement *Une Mort très douce,* mais aussi *Tout compte fait* et *La Cérémonie des adieux,* c'est-à-dire la deuxième partie de l'autobiographie — *constatent la mutilation.* Que faut entendre par là?

Dans *La Force des choses*, en 1963, Beauvoir fait ce constat terrible :

« Hostile à cette société à laquelle j'appartenais, bannie, par l'âge, de l'avenir, dépouillée fibre par fibre du passé, je me réduisais à ma présence nue. Quelle glace! »[8]

La femme mutilée est réduite à "sa présence nue". Elle est dépossédée du passé et de l'avenir. La première cause de la mutilation est la vieillesse. Privé d'avenir, le passé aussi se dessèche; rien, pas même le récit n'a le pouvoir de le ressusciter :

« (...) qu'avions-nous été l'un pour l'autre, tout au long de cette vie qu'on appelle commune? Je voulais en décider sans tricher. Pour cela, il fallait récapituler notre histoire. Je m'étais toujours promis de le faire. (...) Je suis capable de réciter des noms, des dates, comme un écolier débite une leçon bien apprise sur un sujet qui lui est étranger. Et de loin en loin ressuscitent des images

7. Cf. infra p. 133-141.
8. FDC, 615.

mutilées, pâlies, aussi abstraites que celles de ma vieille histoire de France. »[9]

Mais la vieillesse, analysée par ailleurs, comme on le sait, dans toute sa complexité par Beauvoir, est loin d'être la seule cause de la mutilation. Si "la femme rompue" découvre que sa "propre histoire n'est plus derrière (elle) que ténèbres"[10], c'est surtout parce que l'autre, l'homme en face d'elle, a trahi. Il a trahi par ses actes, par certaines paroles qui font douter de tout, parce qu'il n'aime plus; il a trahi surtout par tout ce qu'il a "omis" de dire, en particulier que depuis longtemps — depuis toujours peut-être — il ne vit pas leur relation de la même façon, avec la même intensité, le même engagement qu'elle. Le doute, fondamental, s'installe, et l'angoisse, aussi dévastatrice que celle de la mort. Le passé n'est plus ni "bonheur, ni fierté : une énigme, une angoisse"[11]. Toute une vie s'écroule :

« (...) je me dis que s'il était mort je saurais du moins qui j'ai perdu et qui je suis. Je ne sais plus rien. Ma vie derrière moi s'est effondrée, comme dans ces tremblements de terre où le sol se dévore lui-même; il s'engloutit dans votre dos au fur et à mesure que vous fuyez. Il n'y a pas de retour. La maison a disparu, et le village et toute la vallée. Même si vous survivez, rien ne reste, pas même la place que vous avez occupée sur terre. »[12]

Survivre n'est pas vivre. La femme mutilée a perdu l'essentiel, ce qui lui permettait de se voir, de se projeter dans le monde, elle a "perdu (son) image"[13], le double dans le miroir. Elle a perdu les images que lui renvoyait son passé; celles qu'elle

9. *L'Age de discrétion*, dans : LFR, 65.
10. LFR, 225.
11. Ibid., 213.
12. Ibid., 193.
13. Ibid., 238.

projetait vers l'avenir "ont volé en éclats"[14]. Le miroir ne la renvoie plus qu'à sa "présence nue", à sa présence privée du regard de l'autre, de la distance/présence de l'autre, à ce qu'est son identité sans l'autre : *une mutilation.* "Je n'en étais pas à une mutilation près", écrit Beauvoir dans *La Force de l'âge* [15].

Dans *Les Belles Images*, Laurence découvre que la société, la société capitaliste, a inventé une façon très perverse de mutiler : en piégeant tout, les objets et les gens, et en premier lieu les femmes, dans de "belles images", dans lesquelles, objets de désir, subordonnées et passives, consommatrices avant tout, elles apparaissent bien conformes aux besoins de la société régie par l'homme, bien intégrées dans l'apparente harmonie de l'ensemble, la confortant si possible — de belles images standardisées, aseptisées, qui n'ont rien à voir avec celle, unique, que chacun doit découvrir et créer pour soi, des images dans lesquelles l'individu qui ose encore se regarder dans un miroir ne découvre rien d'autre que le reflet de son aliénation :

« Qu'a-t-on fait de moi? (...) Moi, c'est foutu, j'ai été eue, j'y suis, j'y reste. (....)
Laurence brosse ses cheveux, elle remet un peu d'ordre sur son visage. Pour moi, les jeux sont faits, pense-t-elle en regardant son image - un peu pâle, les traits tirés. »[16]

Laurence se rend compte que, pour elle, c'est désormais trop tard, car elle "a toujours été une image"[17]; cependant, en regardant une petite fille grecque qui s'est mise à danser,

« elle avait trois ou quatre ans; minuscule, brune, les yeux noirs, une robe jaune évasée en corolle autour de ses genoux, des

14. LBI, 124.
15. FDC, 276.
16. LBI, 183.
17. Ibid., 21.

chaussettes blanches; elle tournait sur elle-même, les bras soulevés, le visage noyé d'extase, l'air tout à fait folle »[18]

elle prend conscience du danger qui menace sa fille Catherine — elle en prend conscience dans son corps et ses sens, sans faire d'elle "un cas" froidement analysé par l'intellect, comme le fait son mari. Elle décide alors que sa fille au moins, "on ne la mutilera pas"[19], "qu'élever un enfant, ce n'est pas en faire une belle image"[20], et qu'elle s'opposera à ce qu'on la fasse suivre par un psychologue, dans le but non avoué de limiter ses comportements ou questionnements insolites. Elle est résolue à tout faire pour essayer de donner à Catherine la possibilité de chercher *son* image, indépendamment de celles que prétend lui imposer la société. Si c'est désormais trop tard pour la mère, la fille peut-être pourra être préservée. La mutilation de la femme est une réalité, mais ce n'est pas une fatalité. La porte de l'avenir n'est pas tout à fait fermée. Ou plutôt, elle est fermée, mais il se peut encore qu'elle s'entrouve. Beauvoir sauve toujours ce qui peut être sauvé; elle ne cède jamais à la résignation. Cependant ce qui est à venir désormais fait peur. "La femme rompue" conclut ainsi son journal :

« Voilà. Colette et Jean-Pierre m'attendaient. J'ai dîné chez eux. Ils m'ont accompagnée ici. La fenêtre était noire. (...) Je me suis assise devant la table. J'y suis assise. Et je regarde ces deux portes : le bureau de Maurice; notre chambre. Fermées. Une porte fermée, quelque chose qui guette derrière. Elle ne s'ouvrira pas si je ne bouge pas. Ne pas bouger; jamais. Arrêter le temps et la vie. Mais je sais que je bougerai. La porte s'ouvrira lentement et je verrai ce qu'il y a derrière la porte. C'est l'avenir. La porte de l'avenir va s'ouvrir. Lentement. Implacablement. Je suis sur le

---

18. Ibid., 158.
19. Ibid., 181.
20. Ibid., 182.

seuil. Il n'y a que cette porte là et ce qui guette derrière. J'ai peur.
Et je ne peux appeler personne au secours.
J'ai peur. »[21]

Ainsi, le miroir s'est changé en mur, en clôture. L'eau
transparente et pénétrable s'est faite opaque et dure : de la glace.
Il n'y a plus de passage possible de l'un à l'autre côté. La
frontière entre le passé et le présent, le présent et l'avenir est
devenue infranchissable, le passage est muré. Mutilée de *l'autre
en miroir*, la femme est enfermée dans le présent de sa
mutilation. Désormais, ce qu'il y a de l'autre côté, l'avenir, fait
peur, cela "guette derrière" : l'élan spontané qui portait vers
l'autre ayant été brisé, rompu, trahi, l'autre, l'ailleurs, l'invisible,
l'inconnu est devenu une présence menaçante. C'est bien la peur
de la mutilation qui démonise l'autre.
    Le mur qui s'est dressé interdit que passe non seulement le
regard mais aussi la voix. La femme rompue "ne peut appeler
personne au secours". Il n'y a plus d'autre voix en écho. Pire
encore, le dialogue risque de dégénérer en monologue. Dans une
des nouvelles de *La Femme rompue*, une femme, claustrée chez
elle, "conjure, par un monologue paraphrénique, la solitude où
l'a jetée son égoïsme éperdu"[22].
    Cet enfermement de la femme mutilée préfigure la mise en
bière, la mort. La "boîte" ne symbolise pas chez Beauvoir le
danger de la transgression, du dévoilement, de la dé-couverte
d'un monde différent (que l'on songe à la boîte de Pandore!),
mais au contraire celui de la non-communication, de la
claustration, de la séparation irréversible, de l'impossibilité du
passage. Dans *Une Mort très douce*, la mère, peu de temps
avant sa mort, fait des cauchemars : "On me met dans une
boîte. (...) Je suis là, mais je suis dans la boîte. Je suis moi, et ce

---

21. LFR, 252.
22. Cf. préface à *La Femme rompue*.

n'est plus moi. Des hommes emportent la boîte"[23]. "Quand nous étions jeunes", écrit Beauvoir dans la préface de *La Cérémonie des adieux*, "et qu'au terme d'une discussion passionnée l'un de nous triomphait avec éclat, il disait à l'autre : 'Vous êtes dans votre petite boîte!' Vous êtes dans votre petite boîte; vous n'en sortirez pas et je ne vous y rejoindrai pas : même si l'on m'enterre à côté de vous, de vos cendres à mes restes il n'y aura aucun passage"[24].

Toute sa vie, Beauvoir a combattu l'enfermement : l'enfermement dans le cadre oppresseur de la famille, l'enfermement dans les conventions de l'ordre social bourgeois; l'enfermement dans la chambre d'amour[25]; elle s'est débattue contre l'enfermement dans les étiquettes[26], dans les mythes, dans les images toutes faites qu'on plaque sur la réalité vivante d'une personnalité. Il faut avoir cela présent à l'esprit pour comprendre de quelle dimension subversive et utopique peut être dotée la notion de *passage* chez elle. L'enfermement a toujours été pour elle une réalité menaçante, mais longtemps il lui a été possible d'inventer des stratégies pour le surmonter, le contourner, pour abattre les murs, pour transgresser les limites, pour frayer au regard un passage. La femme mutilée est celle pour qui le passage n'est plus possible : l'enfermement est irrévocable.

---

23. *Une Mort très douce*, p. 91.
24. Cf. préface à *La Cérémonie des adieux*.
25. Cf. Françoise Rétif, *Simone de Beauvoir et Ingeborg Bachmann : Tristan ou l'Androgyne?*, op. cit, p. 24.
26. Cf. FDC, 683.

8

La guerre d'Algérie ou la fraternité impossible

En 1939, l'existence de Beauvoir, ainsi qu'elle le dit elle-même, "a basculé : l'Histoire (l)'a saisie pour ne plus (la) lâcher"[1]. Elle écrit dans *La Force de l'Age* :

> « Il n'est pas possible d'assigner un jour, une semaine, ni même un mois à la conversion qui s'opéra alors en moi. Mais il est certain que le printemps 1939 marque dans ma vie une coupure. Je renonçai à mon individualisme, à mon anti-humanisme. J'appris la solidarité. »[2]

Un peu plus loin, elle nuance singulièrement le jugement apparemment si définitif, et exprimé en termes tellement généraux et vagues, qu'elle porte sur cette "conversion qui s'opéra" en elle. Les choses semblent finalement ne pas être tout à fait aussi simples :

> « A partir de 1939, tout changea; le monde devint un chaos, et je cessai de rien bâtir; (...) je cherchai des raisons, des formules pour me justifier de subir ce qui m'était imposé. (...) je découvris la solidarité, mes responsabilités, et la possibilité de consentir à la mort pour que la vie gardât un sens. Mais j'appris ces vérités en quelque sorte contre moi-même; j'usai de mots pour m'exhorter à les accueillir; je m'expliquais, je me persuadais, je me faisais la leçon (...) ».[3]

---

1. FDA, 410.
2. Idem.
3. FDA, 626.

Les romans *Le Sang des autres*, publié en 1945, et *Tous les hommes sont mortels*, un an plus tard, corroborent ce témoignage : le choc que provoqua l'irruption de l'Histoire dans la vie de Beauvoir semble bien avoir été important. Ce qu'elle découvrit en effet, c'est le diktat du temps et de l'Histoire, la finitude, l'insignifiance, voire la futilité des entreprises individuelles : on comprend que son optimisme et son volontarisme aient souffert. La réalité lui dérobait une grande partie de l'emprise qu'elle pouvait exercer sur sa propre vie. Et c'est peut-être par cette perte d'emprise qu'il faut comprendre et expliquer l'apparition démesurée, incontrôlée, monstrueuse, pléthorique de l'Histoire à travers le héros de *Tous les hommes sont mortels*, Fosca. Beauvoir elle-même oppose le trouble, le malaise, voire l'égarement, qui guidèrent sa plume dans cette œuvre, à la maîtrise avec laquelle fut conçu *Le Sang des autres*, comme s'il avait fallu, après avoir tout fait pour la canaliser, laisser libre cours à cette réalité qui la dépassait, la fascinait, la terrifiait :

« Je poursuivis cette méditation sur la mort où m'avait entraînée la guerre; je m'interrogeai sur le temps; il m'avait été brutalement révélé et je m'étais aperçue qu'il pouvait, autant que l'espace, m'arracher à moi-même. Aux questions que je soulevais, je ne donnais pas de réponses. *Le Sang des autres* avait été conçu et construit abstraitement; mais sur l'histoire de Fosca, je rêvai."
"En le relisant, je me suis demandée : mais qu'est-ce que j'ai voulu dire? (...) *Tous les hommes sont mortels*, c'est cette divagation organisée; les thèmes n'y sont pas des thèses mais des départs vers d'incertains vagabondages. »[4]

Les deux romans ont toutefois en commun d'inscrire, certes fort différemment, au coeur de leur structure le fait que l'irruption de l'Histoire dans la vie de Beauvoir ait eu lieu "en

---

4. FDC, 75 et 79.

quelque sorte contre (elle)-même". La structure dichotomique, la double perspective des deux œuvres opposent nettement la vision féminine et la perception masculine de l'Histoire; ainsi, tandis que celle-ci est incarnée par l'homme, la femme est située résolument *en dehors*. Les faiblesses de l'œuvre publiée en 1946 sont singulièrement éloquentes à ce propos : le corps du roman — l'histoire de Fosca — est flanqué d'un prologue et d'un épilogue très disproportionnés qui font apparaître Régine, l'héroïne, comme appartenant à un monde *en marge* de celui de Fosca, dans un temps et un espace autres que le sien, dans la vie qui se vit au présent, tandis que le protagoniste principal appartient à l'immortalité, à un temps justement sans contact avec celui du personnage féminin : il *n'entre* que très peu dans l'espace et le temps de Régine; Régine n'entre ni dans le temps ni dans l'espace qu'il a occupés pendant des siècles. Il n'y a pas de *passage* entre le temps de Régine et celui de Fosca, entre la réalité de l'un et celle de l'autre. Leur tentative pour entrer en contact reste sans lendemain. Car Fosca vit dans l'histoire passée, il *est* l'Histoire : "l'expérience malheureuse de Fosca" qui couvre "la fin du Moyen Age et le début du XVIe siècle" illustre "une conception résolument pessimiste"[5] de l'histoire. Fosca, cet immortel, *est* l'Histoire, mais Fosca est aussi un homme : "Fosca est le lieu maudit de l'oubli et de la trahison", commente Beauvoir dans *La Force des choses* (1946, est-ce un hasard, c'est l'année où Sartre révèle à Beauvoir qu'il "tient énormément à M."?). L'héroïne se heurte à un homme qui représente également beaucoup plus qu'un homme; petite histoire et grande Histoire se rejoignent. Dans cette imbrication du général et du particulier, l'antagonisme homme/femme devient représentatif d'une opposition qui dépasse largement le niveau des individus. Inversement, la "grande Histoire" et ce qu'elle représente ne peuvent être dissociés des problématiques individuelles. C'est Fosca, autant que son immortalité, qui "dépouille (Régine) de

5. Ibid., 76.

son être"[6], et quand elle se dit être "un brin d'herbe, un moucheron, une fourmi, un lambeau d'écume", c'est qu'elle se découvre "telle qu'il l'avait faite"[7].

Cependant, ils restent *"frères"*, par-delà leurs différences. Beauvoir ne semble pas vouloir s'identifier plus à l'un qu'à l'autre; elle se situe autant — ou aussi peu — du côté de Fosca que de celui de Régine. Après avoir affirmé que "Fosca est le lieu maudit de l'oubli et de la trahison", l'auteur ajoute aussitôt qu'elle-même "avai(t) cruellement éprouvé (s)on impuissance à saisir d'aucune manière la mort des autres"[8]. Par ailleurs, Régine est aussi peu sympathique, voire aussi "inhumaine" que le héros masculin : "une femme avide de dominer ses semblables et révoltée contre toutes les limites : la gloire des autres, sa propre mort; quand elle rencontre Fosca, elle veut habiter son coeur immortel : alors elle deviendra, pense-t-elle, l'Unique"[9]. Lui est prisonnier de son ambition passée et de son immortalité. Elle est prisonnière de son narcissisme et de l'obsession de sa finitude. Ils sont frères d'impuissance, pour avoir voulu trop de puissance. Deux porte-fanion, empesés, émouvants dans leur ridicule. Deux porte-voix, désemparés et maladroits, d'une réalité angoissante, que l'auteur ne peut faire autrement que de prendre en compte, mais qu'elle tente de rejeter aussi loin que possible d'elle-même. Comme si, obligée de constater la distance qui s'inscrit entre l'homme et la femme dès qu'il s'agit de leur rapport à l'Histoire, Beauvoir les bannissait ensemble dans une même distance caricaturale.

D'ailleurs on voit bien que, assez vite, malgré des périodes très sombres, comme celle de la contre-épuration, par exemple, Beauvoir reprend confiance en l'Histoire. Elle ne demande qu'à croire que l'homme peut, pourra, modeler celle-ci à son gré. Le choc a eu lieu, mais il ne fut peut-être pas aussi radical qu'elle

---

6. TLHSM, 527.
7. Ibid., 528.
8. FDC, 78.
9. Idem.

veut bien le dire; il est resté, malgré tout, extérieur. La Seconde
Guerre mondiale n'a pas suffi à ébranler sa foi en un monde
meilleur, sa foi en l'homme. En 1948-49, alors qu'elle travaille
au *Deuxième Sexe*, elle peut croire en l'avenir : "l'avenir reste
largement ouvert" écrit-elle à la fin de cette œuvre[10]. La
condition féminine peut changer, et par voie de conséquence, le
monde également. Hommes et femmes doivent y œuvrer côte-à-
côte. Et en 1955, quand elle revient de Chine, elle dit
explicitement faire de nouveau "confiance à l'Histoire : au
Maghreb aussi, les exploités finiraient par vaincre et peut-être
bientôt"[11].

La guerre d'Algérie va définitivement mettre fin à cette
confiance malgré tout, à cette fraternité par défaut. C'est elle qui
va élargir le fossé entre l'homme et la femme jusqu'à faire
apparaître la nécessité, légitimée par l'Histoire, de rompre le lien
qui les lie, de dissocier leur sort : leur chemin se sépare, la
femme doit continuer sa route seule. En 1939, Beauvoir
découvre l'horreur de l'Histoire; l'Histoire assiège la femme qui
se rend compte à quel point elle lui est étrangère. Mais l'ennemi,
l'occupant, le mal, vient de l'extérieur, il peut, il pourra peut-
être, être banni. Quand, par contre, ce qui fait horreur vient *de
l'intérieur* ou est acclamé par une grande partie de la population,
on se sent exilé au sein même de son propre pays, de sa propre
culture. Beauvoir dépeint ce qu'elle ressentit à ce propos sans
aucune ambiguïté :

« Quelquefois, l'après-midi, des parachutistes installaient sur le
parvis de Saint-Germain-des-Prés une espèce de baraque. J'évitais
toujours d'approcher, je ne sus jamais exactement ce qu'ils
trafiquaient : en tout cas, ils se faisaient de la propagande. De ma
table, je les entendais jouer des airs militaires. (...) Je
reconnaissais cette boule dans ma gorge, ce dégoût impuissant et
rageur : c'est ce que je ressentais lorsque j'apercevais un S.S. Les

10. *Le Deuxième Sexe*, II, 558.
11. FDC, 359.

uniformes français d'aujourd'hui me donnaient le même frisson qu'autrefois les croix gammées. Je regardais ces jeunes garçons en tenue léopard qui souriaient et paradaient, le visage bronzé, les mains nettes : ces mains... Des gens s'approchaient, intéressés, curieux, amicaux. Oui, j'habitais une ville occupée, et je détestais les occupants avec plus de détresse que ceux des années 40, à cause de tous les liens que j'avais avec eux. »[12]

Et un peu plus loin :

« Ce que je ne supporte pas, physiquement, c'est cette complicité qu'on m'impose au son des tambours, avec des incendiaires, des tortionnaires, des massacreurs; il s'agit de mon pays, et je l'aimais, et sans chauvinisme ni excès de patriotisme, c'est difficilement tolérable d'être contre son propre pays. »[13]

« Je ne supportais plus cette hypocrisie, cette indifférence, ce pays, *ma propre peau*. Ces gens dans les rues, consentants ou étourdis, c'étaient des bourreaux d'Arabes : tous coupables. Et moi aussi. "Je suis française." Ces mots m'écorchaient la gorge comme l'aveu d'une tare. Pour des millions d'hommes et de femmes, de vieillards et d'enfants, j'étais *la sœur* des tortionnaires, des incendiaires, des ratisseurs, des égorgeurs, des affameurs. »[14]

De façon remarquable, on voit combien Beauvoir souligne ici que l'horreur absolument insupportable n'est pas seulement d'ordre intellectuel : dans sa proximité, elle est devenue *physique*. Le dégoût de cette virilité arrogante, paradante, meurtrière, gagne tout. Ce qui dans l'homme a toujours attiré la méfiance de la femme grossit, prolifère, contamine sous ses yeux tout un pays, l'horreur envahit toute la réalité. Le frère, jusqu'alors aimé et recherché dans un lien librement consenti, est

---

12. Ibid., 407.
13. Ibid., 430.
14. Ibid., 406. Les expressions "ma propre peau" et "la sœur" sont soulignées par nous.

devenu un occupant, exilant la femme au sein d'elle-même. Il est passé du côté de l'ennemi. La complicité, la fraternité sont devenues impossibles, inacceptables; la critique, le rejet, et donc la mutilation, inéluctables. *Les différences ne sont plus complémentaires, elles sont devenues antagonistes.* Jusqu'alors, les deux pôles semblaient se compléter, les contraires s'ajouter, leur équilibre embrassait le monde; maintenant la supériorité de l'un est devenue évidente, menaçante pour l'autre, les contraires se détruisent. Il y a d'un côté ceux qui tuent, pillent, torturent, violent; de l'autre, les victimes. C'est l'un *ou* l'autre.

Cela fait certes un moment, au moins depuis *Le Deuxième Sexe*, que Beauvoir sait que l'homme appartient "au sexe qui tue" et que "dans l'humanité la supériorité est accordée non au sexe qui engendre mais à celui qui tue"[15]. Cependant, jusqu'à la guerre d'Algérie, cette vérité s'était imposée surtout à l'intellect, à la raison; elle n'avait pas été ressentie, vécue dans la chair. Au moment de la guerre d'Algérie, elle *prend corps* sous ses yeux, en face d'elle, en elle. Désormais, il n'est plus possible de parcourir la distance qui sépare de l'autre; la distance est devenue insurmontable, la frontière infranchissable. Au niveau individuel, de personne à personne, d'homme à femme, comme à l'échelle de tout un peuple, ce sont les mêmes mots qui vont être employés par Beauvoir pour dénoncer toutes les sortes de crimes qui, d'une façon ou d'une autre, à petite ou à grande échelle, visent à éliminer l'existence de l'autre stigmatisé comme Autre. Qu'il s'agisse de la Seconde Guerre mondiale, de la guerre d'Algérie, ou des crimes perpétrés par l'homme contre la femme, il n'y a pas de hiérarchie dans l'horreur. "Nazi, tortionnaire"[16], voilà les mots qu'utilise "la femme rompue" pour crier l'horreur que lui inspire son mari, retrouvant ainsi, *a posteriori*, le lien qui unit toutes les guerres.

---

15. *Le Deuxième Sexe*, I, 111.
16. LFR, 241.

Il ne s'agit pas de penser bien sûr que Beauvoir range soudain tous les hommes dans la même catégorie, ou que brusquement elle se soit mise à haïr les hommes. Ce sont moins les individus qui sont en cause, que les comportements, les rapports de force, les valeurs, l'ordre dominants, l'Histoire qui n'avance qu'en éliminant l'autre. L'homme incarne, ou plutôt le masculin symbolise désormais l'horreur — l'horreur passée et présente, dans les relations entre individus ou entre peuples —, l'horreur à bannir pour que l'autre puisse survivre en tant qu'autre. L'androgynie est et reste un idéal à réaliser. Mais à partir de la guerre d'Algérie, elle cesse d'être d'actualité.

9

La trahison du père ou l'Histoire en question

L'imbrication du général et du particulier, c'est-à-dire l'importance capitale du contexte historique pour Beauvoir considérant la situation du "deuxième sexe" dans le monde non plus dans une perspective idéaliste-philosophique, ni même mythique-utopique, mais historique, est particulièrement bien illustrée par *Les Belles Images*. En effet, la mutilation qu'a subie Laurence, et qui menace sa fille, apparaît en premier lieu comme étant directement provoquée par la société de consommation capitaliste moderne dans laquelle elle vit et qu'elle incarne si bien en tant que publiciste. A ce propos, il faut rappeler que le livre fut publié en 1966, c'est-à-dire deux ans avant l'explosion de 1968, et qu'il préfigure donc une certaine critique *globale* de la société, du monde occidental, et pas seulement de la situation de la femme dans cette société — Laurence a un bon travail, elle est apparemment une femme épanouie sur tous les plans, c'est une image sans aucun doute plaisante d'elle-même, une "belle image" justement, que lui renvoie cette société, il n'y a pas de critères matériels objectifs à sa mutilation, elle est, en quelque sorte, *déjà* une "femme libérée" — et cependant elle se rend compte qu'elle ne sait plus ce qu'est la vie, qu'elle ne *vit plus* réellement, qu'elle est en quelque sorte aliénée[1].

Mais l'aliénation de Laurence n'est pas seulement représentative du système capitaliste moderne. L'auteur a pris soin en effet d'insérer la prise de conscience de cette aliénation dans un cadre temporel et spatial beaucoup plus vaste faisant

---

1. Cf. LBI, 181 : "Qu'a-t-on fait de moi? Cette femme qui n'aime personne, insensible aux beautés du monde, incapable même de pleurer, cette femme que je vomis."

apparaître les tares de la société moderne comme seulement *une* des manifestations de l'histoire du monde occidental. A travers le voyage qu'elle fait avec son père en Grèce, Laurence remonte jusqu'aux origines et racines de la société actuelle, la Grèce antique et l'époque de la stabilisation du patriarcat, "de la révolution idéologique (la) plus importante qui substitu(a) l'agnation à la filiation utérine"[2], c'est-à-dire le moment où le Père prend le pouvoir. Beauvoir ne fait pas là que renouer avec l'analyse faite près de vingt ans plus tôt dans *Le Deuxième Sexe*; par-delà la différence des genres, le propos apparaît comme sérieusement plus radical. C'est toute l'histoire du monde occidental qui se rassemble et s'éclaire, sous les yeux soudain dessillés de Laurence, lorsqu'elle découvre quelques représentations emblématiques que l'Antiquité nous a laissées de la femme. Dans un merveilleux raccourci, elle prend conscience qu'il n'y eut jamais aucun progrès; ou plus exactement le "choc" que crée la confrontation avec l'Histoire se résume pour elle à la prise de conscience de l'immuabilité de la mutilation féminine :

« Non, ce n'est pas à Delphes que la ligne s'est brisée. Mycènes. Peut-être est-ce à Mycènes. A quel moment exactement? Nous avons gravi un chemin caillouteux; le vent soulevait des tourbillons de poussière. Soudain j'ai vu cette porte, les deux lionnes décapitées et j'ai senti... était-ce là le choc dont mon père me parlait? Je dirais plutôt une panique. »[3]

Elle voit la Grèce comme à travers un prisme qui concentrerait la lumière sur les seuls éléments qui éclairent et lui permettent de comprendre sa situation actuelle : "les lionnes décapitées" la renvoient à la mutilation de sa personnalité, la petite fille qui danse à celle à venir de sa fille, les Korai "belles, les lèvres retroussées par un sourire, l'oeil fixe, l'air gai et un peu

2. *Le Deuxième Sexe*, I, 130.
3. LBI, 160.

bête"[4], aux "belles images", vieilles de bien des siècles, de la
femme telle qu'aime à se la représenter l'homme.

Ce qu'elle découvre en fait, c'est que sa vie à elle "n'a rien à
faire de ces ruines"[5] et qu'elle "se sont étrangères à tous ces
siècles défunts" qui cependant "(l)'écrasent"[6]. L'Histoire n'a pas
d'autre fonction que de la renvoyer au présent de sa mutilation,
que de rendre plus évidente et plus oppressante sa mutilation
présente. Car ces "ruines" ne sont pas *son* Histoire, l'Histoire
faite par elle, pour elle, par elle et pour elle aussi, ce n'est que
l'histoire de la domination millénaire de la femme, de la
mutilation qui n'en finit pas de se poursuivre et de se reproduire;
l'Histoire toute entière, pour la femme, est synonyme
d'*aliénation*, au sens propre du terme : elle appartient à l'Autre,
exclusivement.

Alors que Régine, dans *Tous les hommes sont mortels*, était
obsédée par l'idée de réussir à trouver sa place dans cette
Histoire dont elle est exilée, Laurence ne cherche même pas à
sauver les apparences, elle sait que "la ligne s'est brisée"[7], qu'il y
a "une distance infranchissable"[8] entre elle et le passé, entre elle
et son père. Si elle s'est plu un temps à retrouver dans l'alphabet
inconnu "le mystère enfantin du langage" et à espérer "que,
comme autrefois, le sens des mots et des choses (lui) vînt (de son
père)"[9]; si elle a cru un moment pouvoir découvrir "l'accord d'un
ciel bleu et d'un goût fruité, avec le passé et le présent
rassemblés dans (le) visage cher"[10] du père, elle sait désormais
que la vérité, la réalité qu'elle doit découvrir, personne d'autre
qu'elle-même ne peut l'aider à la trouver. "La ligne brisée" est à
la fois celle qui ne la relie plus au passé, et celle qui menace de

4. Ibid., 167.
5. Ibid., 160.
6. Ibid., 161.
7. Ibid., 160.
8. Ibid., 167.
9. Ibid., 154.
10.Ibid., 155.

ne plus la relier à l'avenir. Le père, qui transmettait l'héritage culturel, le père en qui elle espérait voir se rassembler le passé et le présent, afin de pouvoir rassembler ensuite en elle-même le présent et le futur, le Père symbolise désormais toute une civilisation, une Histoire et une culture qu'elle a aimées et qui l'ont trahie. Il est significatif qu'il ne se révèle n'être finalement lui aussi qu'une "belle image" :

> « Elle respire trop vite, elle halète. Ce n'était donc pas vrai qu'il possédait la sagesse et la joie et que son propre rayonnement lui suffisait! Ce secret qu'elle se reprochait de n'avoir pas su découvrir, peut-être qu'après tout il n'existait pas. Il n'existait pas : elle le sait depuis la Grèce. J'ai été *déçue*. Le mot la poignarde. Elle serre son mouchoir contre ses dents comme pour arrêter le cri qu'elle est incapable de pousser. Je suis déçue. J'ai raison de l'être. »[11]

Lui aussi a trahi, lui aussi, comme le mari à propos duquel d'ailleurs elle ne se faisait pas d'illusion, est prêt à sacrifier la fille de Laurence, Catherine, pour que survivent les "belles images", pour que le monde continue à faire semblant de tourner rond, pour ne pas devoir regarder la vérité en face. A force de ne regarder que vers le passé, on finit par ne plus voir — ou bien, il faudrait peut-être plutôt dire qu'on ne regarde que le passé pour ne pas devoir prendre conscience — que c'est l'avenir et la vie "qu'on est en train d'assassiner"[12] en assassinant l'avenir de l'enfant, de la femme. Confrontée à cette prise de conscience, la femme n'a plus qu'une seule ressource, la dernière possible : le cri. Seul le cri, désormais, peut défier l'enfermement, conjurer — peut-être — la mutilation à venir, la mort d'un monde. Il faut que le cri soit entendu, le cri qui dénonce l'ordre patriarcal et tout ce qu'il signifie, pour que l'utopie, un jour, un jour peut-être, redevienne envisageable.

---

11. Ibid., 179-180.
12. Ibid., 158.

10

L'écriture du cri

L'écrivain, même mutilée de la foi qu'elle avait en l'homme, dépossédée du projet essentiel de sa vie et de son œuvre, la quête de l'androgynat, ne va cependant renoncer ni au combat ni à l'écriture. Le temps de la foi, de l'utopie est certes révolu; seul le cri de la révolte peut encore faire s'entrouvrir la porte de l'avenir. Cette révolte *précède* dans l'écriture puis accompagne dans l'action celle des mouvements féministes de la fin des années soixante et des années soixante-dix. L'écriture du cri est la dernière résistance de la femme mutilée, dépossédée du passé et craignant pour l'avenir — défiant le passé, le présent et l'avenir dans et par son écriture. Victorieuse malgré tout dans ce cri qui défie le temps.

Le présent escamoté

A la fin de *La Force des choses*, après tous les cris qui ont été étouffés[1], et avant même de pousser le cri sur lequel s'achève l'œuvre et qui a fait coulé tant d'encre : "j'ai été flouée"[2], Simone de Beauvoir fait le bilan suivant :

« J'ai écrit certains livres, pas d'autres. Quelque chose à ce propos me déconcerte. J'ai vécue tendue vers l'avenir et, maintenant, je me récapitule au passé : on dirait que le présent a été escamoté. J'ai pensé pendant des années que mon œuvre était devant moi, et voilà qu'elle est derrière : à aucun moment elle n'a eu lieu. Ça

---

1. Cf. par exemple FDC, 249 : "(...) la gorge déchirée par le cri que je ne poussai pas."
2. FDC, 686.

ressemble à ce qu'on appelle en mathématiques une coupure, ce nombre qui n'a de place dans aucune des deux séries qu'il sépare. (...) Me remémorant mon histoire, je me trouve toujours en deçà ou au-delà d'une chose qui ne s'est jamais accomplie. Seuls mes sentiments ont été éprouvés comme une plénitude. »[3]

Bilan terrible. D'une lucidité sans complaisance, mais étrangement déroutée. "A aucun moment (l'œuvre) n'a eu lieu". Que veut-elle dire par là? "Le présent a été escamoté". Et cependant qu'a-t-elle fait pour qu'il ne le fût pas? Il y eut, au coeur du présent, "les sentiments (qui) ont été éprouvés comme une plénitude". Mais pas de livre qui retrace cette "plénitude" dans sa présence, dans la force de son présent. Henri, dans *Les Mandarins*, rêve d'écrire "un roman gai", c'est-à-dire un roman "au présent"[4]. Ce "roman gai" ne verra jamais le jour, ni Henri, ni Beauvoir, ne l'écriront. Quelle forme aurait-il prise et pourquoi ne fut-il jamais écrit? *Les Mandarins* ne nous livre pas d'explication. A cette date-là, peut-être Beauvoir pensait-elle encore l'écrire, un jour. Dans *La Force des choses*, l'heure du bilan a sonné. Mais comme souvent, quand il s'agit de l'essentiel, Simone de Beauvoir est lapidaire, voire sibylline, et il nous faut décrypter les quelques éléments de réponse qu'elle nous donne.

D'abord, il apparaît que le présent, qui aurait dû être le lieu où s'effectue le joint entre le passé et l'avenir, où s'écrit la plénitude des sentiments, se révèle être finalement le lieu de la "coupure", de la rupture, le lieu où se creuse le fossé, insurmontable, entre le passé et l'avenir. Le présent devient le temps où "se brise la ligne" du temps, où le passé ne rejoint plus l'avenir, ni même le présent, où se brise le miroir dans lequel l'individu se voit et se fait un, se rassemble de tous les côtés du temps, tout en restant double, multiple, riche de toutes ses facettes. Le présent ne réussit plus à être autre chose que le

3. Ibid., 683.
4. *Les Mandarins*, I, 40 et 226.

temps de l'écriture de l'angoisse et de la mutilation. C'est ainsi que les œuvres monophoniques sont écrites au présent. En outre, tandis que *La Force de l'âge*, écrite au passé, ne connaît de tension qu'entre l'engagement de véracité de l'avant-propos et la conclusion cherchant à situer l'œuvre dans l'espace dialectique entre réalité et utopie, *La Force des choses* se caractérise par une tension constante entre passé et présent, illustrée par les irruptions violentes et comme inéluctables du présent dans le récit au passé, et cette longue agonie du passé finissant par rejoindre le présent et lui céder la place. Quand le présent du journal surgit au milieu du passé de l'autobiographie, c'est toujours (aussi bien d'ailleurs, mais dans une moindre mesure, dans *La Force de l'âge* que dans *La Force des choses*) que "l'anxiété"[5] rend impossible l'autre écriture, celle qui tente de faire le lien entre le passé et l'avenir[6]. Or, cette "anxiété" apparaît le plus souvent comme la conséquence de l'irruption de la réalité sombre de l'Histoire, de la guerre dans la vie de Beauvoir[7], de tout ce qui menace de réduire à néant les efforts que fait l'individu pour maîtriser son destin, pour construire sa vie. Par ailleurs, les extraits du journal sont rapportés parce qu'ils "livrent ce que (la) mémoire échoue à ressusciter : la poussière quotidienne de (la) vie"[8]. Formulation on ne peut plus ambiguë : au journal échoue la mission paradoxale de mettre en mots la dégradation de la vie en "poussière". Il apparaît assez évident que les lettres, les *Lettres à Sartre* en particulier, ne font pas autre chose. Dans le présent du journal, ou des lettres, la vie *se défait* plus qu'elle ne se construit. Ou bien disons qu'elle tente de ne pas sombrer : les mots s'alignent comme les instants dont ils semblent subir le diktat intraitable.

Diktat de l'Histoire et du temps, éparpillement des actes et des choses dans le monde, loin de tout rassemblement possible

5. FDC, 412.
6. Voir FDC, 82.
7. Voir FDC, 412 et FDA, II, 433.
8. FDC, 82.

dans un projet : voilà ce que subit et transcrit le présent chez Beauvoir. Voilà ce qui explique, en partie au moins, qu'à aucun moment, le présent ne réussisse à être le temps de l'écriture de la plénitude. Dans le présent, Beauvoir est confrontée à "la force des choses", à la résistance et à l'opacité du monde tel qu'il est et qu'il finit par s'imposer à elle, malgré tous ses efforts. Dans le présent, elle est confrontée à sa propre impuissance. Le présent lui impose l'Histoire comme aliénation, et la dépouille de son rêve d'une autre Histoire.

Et cependant, malgré ce constat d'échec, Beauvoir persiste à penser qu'il y a une explication à tout cela, que les choses ne sont pas irrémédiablement telles qu'on veut trop souvent les faire apparaître, par défaitisme, par faiblesse, parce qu'il est plus facile d'invoquer la fatalité ou l'opacité du monde, etc., que d'essayer de le changer. Beauvoir reste convaincue du pouvoir et de la force de l'être humain, et que l'inertie du monde peut être surmontée. L'opacité est chez Beauvoir avant tout *le résultat* de la mutilation : il n'y a d'opacité, on l'a vu, que lorsque le miroir s'est brisé. La femme mutilée *n'est pas née* mutilée : on l'a faite ainsi. "Me remémorant mon histoire, je me trouve toujours en-deçà ou au-delà d'une chose qui ne s'est jamais accomplie"[9]. Qu'est-ce que cette "chose qui ne s'est jamais accomplie", qui puisse expliquer que le présent n'ait jamais pris corps dans l'œuvre? Que le présent ne soit vécu et transcrit que comme le lieu de la coupure et de la mutilation? Qu'il n'ait pu être le temps de l'expression de la plénitude des sentiments? Qu'est-ce qui fait que Beauvoir ait en quelque sorte si longtemps refoulé le présent comme temps de l'écriture? Elle a "vécu tendue vers l'avenir", espérant sans doute le rejoindre un jour, le construisant, le préparant, attendant, comme Henri, de pouvoir écrire le "roman gai", un roman, probablement, où s'accomplirait l'être androgyne, où se réaliserait ou se profilerait l'utopie. Un roman à deux? Un roman en tout cas où le passage de l'un à l'autre, où

9. Ibid., 683.

la rencontre avec l'autre puisse *avoir lieu* dans le présent de l'écriture. Le sujet du "roman gai" d'Henri, ce serait peut-être le présent se déroulant du face-à-face d'Anne et d'Henri, du frère et de la soeur tous deux présents autour du livre en train de s'écrire. Je crois que si pendant si longtemps Beauvoir a cherché à écrire l'utopie en projetant l'avenir dans le passé, et le passé dans l'avenir, c'est que le présent menaçait l'utopie également dans la mesure où il risquait de s'avérer, au présent, que la présence de l'autre, non pas *a priori*, comme le pensent certains, mais *par la faute de l'homme*, n'était qu'absence. La chute dans l'Histoire, c'est cela aussi : c'est la prise de conscience que l'homme et la femme n'habitent pas le même temps; qu'il n'y a pas de passage d'un temps à l'autre, que l'homme n'est pas là où il *devrait* être. Quand l'homme habite l'Histoire, et que la femme en est exilée; ou bien quand la femme habite seule le présent parce que l'homme ne fait que semblant de vivre, et que, tout entier tourné vers le passé, voué corps et âme au passé, il a désappris de vivre au présent de son corps et de ses sentiments, de sa spontanéité et de ses sensations, le présent s'avère être le temps du non-passage, du non-dépassement, de la non-rencontre. La "coupure" du présent, n'est-ce pas en quelque sorte la mutilation que Zeus fit subir aux êtres primitifs, androgynes, radieux, orgueilleux, trop orgueilleux et trop puissants pour celui/ceux qui cherchent à dicter l'Histoire? Le présent se révèle finalement être le temps d'où l'autre, virtuellement présent, est réellement absent. Le temps dans lequel la femme vivait ou voudrait vivre, entière et entièrement, et dans lequel elle est désormais enfermée, *faute* de l'autre. La plénitude des sentiments de l'un ne suffit pas, si l'autre ne répond pas. Il ne peut y avoir plénitude quand l'autre en miroir fait défaut. Quand l'autre en miroir fait défaut, il ne peut y avoir d'écriture que de la mutilation. La "chute" de la femme, ce n'est pas le soi-disant "péché", ce n'est pas l'amour. La femme ne "tombe" pas d'amour; elle ne tombe — et ne meurt à demi — que de s'apercevoir qu'elle est seule à habiter le présent, et qu'elle a été exclue du passé et de l'avenir, que l'autre fait défaut, et que l'on a *érigé* la frontière transgressable *en mur*. La terrible découverte que fait Régine dans *Tous les hommes sont mortels* est que "le regard" de Fosca "dévaste l'univers"[10] : il l'a "dépouillée de son être"[11], de son don pour vivre et aimer la vie, sans pour cela lui offrir quoi que ce soit d'autre à la place, pas même ce temps qui n'appartient qu'à lui, le passé. Son regard d'immortel ne voit pas l'autre, il le nie, l'anéantit, le *pétrifie* — la Gorgone, c'est lui :

> « Les yeux de l'homme la fixaient avec une insistance qui aurait dû paraître insolente; mais il ne la voyait pas. Elle ne savait pas ce qu'il voyait, et pendant un moment elle pensa : est-ce que je n'existe pas? N'est-ce pas moi? Une fois elle avait vu ces yeux, quand son père tenait sa main, couché sur son lit, avec un râle au fond de la gorge; il tenait sa main et elle n'avait plus de main. Elle resta figée sur place, sans voix, sans visage, sans vie : une imposture. Et puis elle reprit conscience; elle fit un pas. L'homme ferma les yeux. Si elle n'avait pas bougé, il lui semblait qu'il seraient demeurés face à face pendant l'éternité. »[12]

Comme l'héroïne des *Belles Images* ("l'important c'est de crier"[13]), comme "la femme rompue"[14], c'est par le cri que Régine rejoint la vie — la vie malgré tout encore à venir — c'est par son cri que le roman s'achève :

> « Ce fut quand l'heure commença de sonner au clocher qu'elle poussa le premier cri. »[15]

---

10. Ibid., 78.
11. TLHSM, 527.
12. Ibid., 21.
13. LBI, 182.
14. LFR, 217 et 241.
15. TLHSM, 528.

Le présent d'où l'autre est absent, ne peut être que la pierre d'achoppement d'une poétique qui se définit dans la quête de l'autre.

La bouche de la mère ou l'autre retrouvée

Une Mort très douce est peut-être le livre le plus bouleversant de Simone de Beauvoir. C'est le livre où la bouche de la fille accomplit le cri que n'a pu pousser la bouche de la mère. Le cri stupéfiant, inopiné, le cri surgi du plus profond, trop longtemps tu, le cri où l'autre se révèle être le même, où le même s'identifie à l'autre, surgi de la même bouche, du même sexe :

« Stupeur. Quand mon père est mort, je n'ai pas versé un pleur. J'avais dit à ma soeur : "Pour maman, ce sera pareil." Tous mes chagrins, jusqu'à cette nuit, je les avais compris : même quand ils me submergeaient, je me reconnaissais en eux. Cette fois, mon désespoir échappait à mon contrôle : quelqu'un d'autre que moi pleurait en moi. Je parlai à Sartre de la bouche de ma mère, telle que je l'avais vue le matin et de tout ce que j'y déchiffrais : une gloutonnerie refusée, une humilité presque servile, de l'espoir, de la détresse, une solitude — celle de sa mort, celle de sa vie — qui ne voulait pas s'avouer. Et ma propre bouche, m'a-t-il dit, ne m'obéissait plus : j'avais posé celle de maman sur mon visage et j'en imitais malgré moi les mimiques. Toute sa personne, toute son existence s'y matérialisaient et la compassion me déchirait. »[16]

L'autre retrouvé n'est pas celui qu'on attendait. C'est celle "qui pleure en moi", celle qui a "été flouée", "cette part d'échec qu'il y a dans toute existence"[17], cette part d'échec commune à

---

16. *Une Mort très douce*, 43-44.
17. Cf. préface à *Une Femme rompue*.

l'existence de toutes les femmes en mal d'accomplissement. La communion avec cet(te) autre-là n'est pas celle de l'accomplissement, c'est celle de la perte, de la mutilation et de l'échec, mais il y a communion, il y a présence de l'autre dans le même cri. L'autre est le surgissement de la même en-dedans. L'autre est celle qui crie du dedans. C'est celle qui ne peut être révélée que dans le cri, et non dans le regard, puisqu'elle vient du dedans, du même. C'est l'autre, mutilée de l'autre, réduite au même. C'est l'autre, quand le miroir est brisé. C'est presque la même : c'est la mère morte, c'est la femme peut-être malheureusement à venir, ce sont tant d'autres femmes appartenant à un autre espace ou à un autre temps, réunies dans le même cri : NON, crie Laurence[18], tentant de préserver sa fille de la mutilation. C'est dans l'écriture du cri que se trouve finalement réalisé le passage du passé au présent, du présent à l'avenir. Le temps est rassemblé dans le cri. Quand le miroir est brisé, il reste l'écriture du cri.

18. LBI, 180.

Conclusion

Il faut redécouvrir Simone de Beauvoir.

Nous avons pu constater combien son œuvre ouvre des voies nouvelles et jusqu'ici encore trop négligées, qu'il s'agisse de la conception — si différente de celle de Sartre — qu'elle se fait de l'autre, de son rapport iconoclaste à la philosophie, à la littérature et à l'Histoire, ou encore de la valorisation formidable des forces vives de la vie : le corps, le désir, l'amour. Elle osa vouloir *tout à la fois* : être libre *et* aimer, être une intellectuelle *et* une femme amoureuse, écrire *et* vivre, vivre *et* écrire.

Certes, ainsi qu'elle le reconnut elle-même, "bien des femmes-écrivains (l')ont dépassée en hardiesse"[1], en particulier dans la recherche d'une autre forme d'écriture, tendant à se libérer des schémas dominants, cherchant à exprimer une pensée différente dans une *forme* différente.

Cependant, peu se sont comme elle situées à ce point à l'articulation de deux mondes, entre le monde passé et celui à venir qui en est encore à se chercher, entre le monde essoufflé des hommes d'Occident et celui que l'on peut espérer voir émerger, où les femmes pourraient affirmer enfin leur différence, ces valeurs "féminines" si longtemps (encore un peu partout si souvent) dévalorisées, voire totalement occultées, sans toutefois rejeter, ni écraser, ni exclure les autres, dont elles participent, entendent participer aussi. Simone de Beauvoir a toujours refusé de se situer exclusivement du côté des hommes ou, à l'inverse, du côté des femmes. Elle savait que la seule issue, la voie certes la plus difficile, mais la seule prometteuse, est celle qui consiste à se situer de l'un et l'autre côté. On sait désormais qu'elle avait

---

1. FDC, 211.

raison : le féminisme essentialiste n'a mené qu'à une impasse. Par ailleurs, les femmes pressées d'accéder pleinement au monde des hommes savent également désormais combien il est difficile de ne pas renoncer à être elles-mêmes, et que c'est là le défi auquel elles sont aujourd'hui confrontées.

"Dans ces combats où ils (l'homme et la femme) croient s'affronter l'un l'autre, c'est contre soi que chacun lutte, projetant en son partenaire cette part de lui-même qu'il répudie"[2]. C'est peut-être cela le principal message à retenir de l'œuvre de Simone de Beauvoir : qu'il faut arriver à sortir d'une pensée de l'alternative, de l'un *ou* l'autre, pour entrer dans celle de la coordination, de la somme, de l'un *et* de l'autre. L'homme a autant à y gagner que la femme. C'est la *tension* qui existe *entre* les différences qui permet de progresser, en particulier vers la vie plus forte en face de la mort. Beauvoir n'a cessé de souligner l'ambiguïté de toute réalité, de toute vérité, et que prendre en compte cette ambiguïté, c'est également se souvenir que le négatif, le néant, la mort ne sont pas seuls au monde. A force de vouloir occulter la femme, l'homme a fini par se laisser obséder par la mort.

Regarder dans le miroir ne mène pas à la mort. Car bien regarder dans le miroir, c'est d'abord *s'étonner*. S'étonner d'y voir le même, et l'autre aussi. Mais rien ne sert à chercher à voir l'autre, si l'on n'est pas prêt à franchir la frontière qui mène à lui. A tout instant, l'eau peut se changer en glace, le miroir en mur. C'est peut-être non pour s'être trop aimé, mais pour ne pas avoir su voir et aimer l'autre, sa soeur, que Narcisse est mort. La lecture de Simone de Beauvoir nous permet aussi de comprendre à quel point l'interprétation des mythes peut être univoque, et combien ont pu être étouffées, ensevelies, d'autres visions, d'autres imaginations, d'autres interprétations. Il s'agit maintenant de les re-découvrir et de les réinventer. Ecouter une voix féminine, trop longtemps déformée, trop longtemps tue,

---

2. *Le Deuxième Sexe*, II, 573.

dans *tous* ses registres, c'est peut-être aussi oser enfin préférer la richesse de la polysémie, du *tissu*, au fil coupant et unilatéral de la trame seule tendue depuis des siècles toujours par les mêmes. "Jusqu'ici les possibilités de la femme ont été étouffées et perdues pour l'humanité et il est grand temps dans son intérêt et dans celui de tous qu'on lui laisse enfin courir toutes ses chances."[3]

Redécouvrir Simone de Beauvoir, c'est se donner la chance de croire et d'affirmer que l'humanité *peut* réinventer le monde en acceptant de n'être plus seulement *un(e)* mais *l'une et l'autre*.

C'est jeter sur le monde, sur l'autre, *un autre regard*, qui, loin de se laisser effaroucher par les limites prétendument inéluctables et intransgressables, les révèlent au contraire pour ce qu'elles sont : des présupposés culturels, religieux ou civilisationnels déguisés en fatalité, depuis plus de vingt siècles. Ce sont là, je crois, les principales "possibilités" qui sont données aux femmes, si elles savent ne pas les gâcher : faire du nouveau avec de l'ancien, rechercher sous des siècles d'alluvions ce qui peut rejaillir vers l'avenir.

> « Je cherche la géologie, je cherche l'histoire fraternelle de la terre dans l'histoire humaine, la théorie des Alpes dans la théorie de notre société. Stratification, stratification des bassins, plissements, je cherche le calcaire renfermant des fossiles, et la pensée de ne pouvoir coucher qu'avec mon frère et avec aucun autre ».[4]

---

3. *Le Deuxième Sexe*, II, 559.

4. Ingeborg Bachmann, Notes inédites, *Nachlaß*, Nationalbibliothek Wien, n° 2036.

Bibliographie

Arc (L'), "Simone de Beauvoir et la lutte des femmes", n° 61, 1975, 84 p.

Albistur Maïté et Argomathe Daniel, *Histoire du féminisme français du moyen âge à nos jours*, Paris, Des femmes, 1977, 508 p.

Argomathe Daniel, *Le Deuxième Sexe : analyse critique*, Paris, Hatier, coll. Profil d'une œuvre, 1977, 79 p.

Audet Jean Raymond, *Beauvoir face à la mort*, Lausanne, L'Âge d'homme, 1979, 144 p.

Audry Colette, "Dix ans après *Le Deuxième Sexe*", *La Nef*, tome 17, n°4, octobre-décembre 1960, p.120-128.

- "Portrait de l'écrivain en jeune femme", *Biblio*, n° 9, novembre 1962, p. 3-5.

- "1949 : beaucoup de bruit, de polémique et d'incompréhension", *Libération*, 15 avril 1986.

Bachmann Ingeborg, *Werke*, éditées par Christine Koschel et Inge von Weidenbaum, München-Zürich, Piper Verlag, 1978, t. 1 : Poésies, 682 p., t. 2 : Nouvelles, 607 p., t. 3 : Romans, 562 p., t. 4 : Ecrits, 540 p.

- *Wir müssen wahre Sätze finden. Gespräche und Interviews,* München, Zürich, Piper Verlag, 1983, 164 p.

- *Franza*, traduction de Miguel Couffon, Arles, Actes Sud, 1985, 168 p. (*Der Fall Franza*, 1978).

- *Todesarten-Projekt*, München-Zürich, Piper Verlag, 1995, t. 1, 727 p., t. 2, 502 p., t. 3, 954 p., t. 4, 639 p.

Badinter Elisabeth, *L'un est l'autre*, Paris, Ed. Odile Jacob, 1986, 361 p.

- *XY. De l'identité masculine*, Paris, Ed. Odile Jacob, 1992, 314 p.

Bair Deirdre, *Simone de Beauvoir*, Paris, Fayard, 1991, 834 p. (*Simone de Beauvoir, a biography*, 1990).

Barthes Roland, *Le Degré zéro de l'écriture*, Ed. du Seuil, 1953, coll. Points, 187 p.

Beauvoir Simone de, *L'Invitée*, Paris, Gallimard, 1943, coll. Folio, 503 p.

- *Pyrrhus et Cinéas*, Paris, Gallimard, 1944, coll. Les essais, 123 p. Repris in *Pour une morale de l'ambiguïté*, Paris, Gallimard, 1947, coll. Idées, 370 p.

- *Le Sang des autres*, Paris, Gallimard, 1945, coll. Folio, 313 p.

- *Tous les hommes sont mortels*, Paris, Gallimard, 1946, coll. Folio, 527 p.

- *Le Deuxième Sexe*, Paris, Gallimard, 1949, tome 1 : *Les faits et les mythes*, 395 p., tome 2 : *L'expérience vécue*, 577 p.

- *Les Mandarins*, Paris, Gallimard, 1954, coll. Folio, 502 p et 500 p.

- *Privilèges*, Paris, Gallimard, 1955, coll. Les essais, 272 p.

- *Mémoires d'une jeune fille rangée*, Paris, Gallimard, 1958, coll. Folio, 495 p.

- *La Force de l'âge*, Paris, Gallimard, 1960, coll. Folio, 695 p.

- *La Force des choses*, Paris, Gallimard, 1963, 686 p.

- *Une Mort très douce*, Paris, Gallimard, 1964, coll. Folio, 151 p.

- *Les Belles Images*, Paris, Gallimard, 1966, coll. Folio, 182 p.

- *La Femme rompue*, Paris, Gallimard, 1967, coll. Folio, 252 p.

- *La Vieillesse*, Paris, Gallimard, 1970, 604 p.

- *Tout compte fait*, Paris, Gallimard, 1972, 512 p.

- *Quand prime le spirituel*, Paris, Gallimard, 1979, 248 p.

- *La Cérémonie des adieux*, Paris, Gallimard, 1981, 559 p.

- *Lettres à Sartre*, Paris, Gallimard, 1990, tome 1 : 1930-1939, 340 p., tome 2 : 1940-1963, 442 p.

- *Journal de guerre*, Paris, Gallimard, 1990, 369 p.

- *Lettres à Nelson Algren*, Paris, Gallimard, 1997, 610 p.

Beauvoir Simone de et Halimi Gisèle, *Djamila Boupacha*, Paris, Gallimard, 1962, 273 p.

Boschetti Anna, *Sartre et "Les Temps Modernes"*, Paris, Ed. de Minuit, 1985, 326 p.

Brisson Luc, "La Bisexualité dans l'Antiquité gréco-romaine", *Cahiers de l'hermétisme*, "L'Androgyne", 1986, p.32-43.

Buisine Alain, *Laideurs de Sartre*, Presses Universitaires de Lille, 1986, 164 p.

Celeux Anne-Marie, *Jean-Paul Sartre, Simone de Beauvoir : une expérience commune, deux écritures*, Paris, Librairie Nizet, 1986, 80 p.

Centre d'Etudes Féminines de l'Université de Provence (C.E.F.U.P.), *Images de femmes*, Aix-en-Provence, Petite collection C.E.F.U.P., 1982, 199 p.

Chabran Edwige, "Les belles images", in *Images de femmes*, Petite collection C.E.F.U.P., 1982, p. 27-51.

Chaperon Sylvie, "La deuxième Simone de Beauvoir", *Les Temps Modernes*, "Questions actuelles au féminisme", n° 563, avril-mai 1997, p. 112-143.

Cixous Hélène, "Le rire de la Méduse", *L'Arc*, n° 61, 1975, p. 39-54.

- *Entre l'écriture*, Paris, Des Femmes, 1986, 203 p.

- *L'Ange au secret*, Paris, Des Femmes, 1991, 256 p.

- "Contes de la différence sexuelle", in *Lectures de la différence sexuelle*, Paris, Des femmes, 1994, 316 p.

- *Or. Les lettres de mon père*, Paris, Des Femmes, 1997, 198 p.

Cixous Hélène, Gagnon Madeleine et Leclerc Annie, *La Venue à l'écriture*, Paris, U.G.E., 10/18, 1977, 151 p.

Clément Catherine, *Miroirs du sujet*, Paris, UGE, 1975, 316 p.

- "Les pelures du réel", *Magazine littéraire*, n° 145, février 1979, p. 25-27.

Clément Catherine et Cixous Hélène, *La jeune née*, Paris, U.G.E., 10/18, coll. Féminin Futur, 1975, 295 p.

Cohen-Solal Annie, *Sartre*, Paris, Gallimard, 1985, coll. Folio Essais, 938 p.

Collin Françoise, "La même et les différences", *Cahiers du Grif*, "D'amour et de raison", n° 28, 1983, p. 7-16, repris in *La Société des femmes*, Ed. Complexe, 1992.

- "Un héritage sans testament", *Cahiers du Grif*, "Les jeunes. La transmission", n° 34, 1986, p. 81-92, repris in *La Société des femmes*, Ed. Complexe, 1992.

- "La démocratie est-elle démocratique?", in *La Société des femmes*, Ed. Complexe, 1992, p. 43-50.

- "Les Cahiers du Grif", in *La Société des femmes*, Ed. Complexe, 1992, p.11-20.

- "Le philosophe travesti ou le féminin sans les femmes", *Futur antérieur*, supplément, "Féminismes au présent", 1993, p. 205-218.

- "Actualité de la parité", *Projets féministes*, n° 4-5, février 1996, p. 99-125.

Contat Michel, "Une philosophie pour notre temps", propos recueillis par François Ewald, *Magazine littéraire*, n° 320, avril 1994, p. 18-26.

Delcourt Marie, *Hermaphrodite. Mythes et rites de la bisexualité dans l'Antiquité classique*, Paris, PUF, 1958, 139 p.

Derrida Jacques, *L'Ecriture et la différence*, Paris, Ed. du Seuil, 1967, 439 p.

- *Fourmis*, in *Lectures de la différence sexuelle*, Paris, Des Femmes, 1994, p.69-102.

Descubes Madeleine, *Connaître Simone de Beauvoir*, Paris, Ed. Resma, 1974, 160 p.

Detienne Marcel, *L'invention de la mythologie*, Paris, Gallimard, 1981, 275 p.
- *L'écriture d'Orphée*, Paris, Gallimard, 1989, 210 p.
Duby George et Perrot Michelle, dir., *Histoire des femmes en Occident*, Paris, Plon, 1991 et 1992, t. 1 : L'Antiquité, 590 p., t. 2 : Le Moyen Âge, 576 p., t. 3 : XVIᵉ-XVIIIᵉ siècles, 571 p., t. 4 : Le XIXᵉ siècle, 640 p. t. 5 : Le XXᵉ siècle, 661 p.

Eaubonne Françoise d', *Une femme nommée Castor, mon amie Simone de Beauvoir*, Paris, Encre, 1986, 365 p.
- *Féminin et philosophie*, Paris, L'Harmattan, 1997, 105 p.
Eliade Mircea, *Mythes, rêves et mystères*, Paris, Gallimard, 1957, coll. Idées, 279 p.
- *Méphistophélès et l'Androgyne*, Paris, Gallimard, 1962, coll. Idées, 311 p.
- *Aspects du mythe*, Paris, Gallimard, 1963, coll. Idées, 250 p.

Fouque Antoinette, "Moi et elle", *Libération*, 15 avril 1986.
Francis Claude et Gontier Fernande, *Les Ecrits de Simone de Beauvoir*, Paris, Gallimard, 1979, 615 p.
- *Simone de Beauvoir*, Paris, Librairie Académique Perrin, 1985, 412 p.
Freud Sigmund, *Trois essais sur la théorie sexuelle,* Paris, Gallimard, coll. Folio Essais, 1986, 180 p. (*Drei Abhandlungen zur Sexualtheorie*, 1905, in *Gesammelte Werke*, London-Frankfurt a.Main, Fischer Verlag, 1940-1968, tome V).
- *Die kulturelle Sexualmoral und die moderne Nervosität* 1908, (*La morale sexuelle civilisée et la nervosité moderne*), G.W.VII, p. 157-178.
- *Cinq leçons sur la psychanalyse*, Paris, Ed. Payot, coll. Petite bibliothèque Payot, 1971, 155 p. (*Über Psychoanalyse*, 1908, G.W. VIII).

- *Totem et tabou* , Paris, Ed. Payot, coll. Petite bibliothèque Payot, 1965, 241 p. (*Totem und Tabu*, 1912, G.W. IX).
- *Essais de psychanalyse*, Paris, Ed. Payot, 1967, 220 p. (*Jenseits des Lustprinzips*, 1920, *Das Ich und das Es*, 1923, G.W. XIII).
- *La vie sexuelle*, Paris, PUF, 1969, 125 p. (*Zur Einführung des Narzismus* 1914, G.W. X., *Über die weibliche Sexualität*,1932, G.W. XIV.)

Friedan Betty, *La Femme mystifiée*, Paris, Denoël-Gonthier, 1965, 456 p., (*The feminine Mystique*, 1963.)

Gennari Geneviève, *Simone de Beauvoir*, Paris, Ed. Universitaires, 1958, 126 p.

Georgin Robert, *Lacan*, Paris, Cistre-Essais, 1984, 118 p.

Greer Germaine, *La femme eunuque*, Paris, Ed. Robert Laffont, coll. Réponses 1970, 440 p, (*The female Eunuch*, 1970).

Héritier Françoise, *Masculin/Féminin. La pensée de la différence*, Paris, Ed. Odile Jacob, 1996, 332 p.

Hourdin Georges, *Simone de Beauvoir et la liberté*, Paris, Ed. du Cerf, 1962, 190 p.

Irigaray Luce, *Speculum, de l'autre femme*, Paris, Ed. de Minuit, 1974, 463 p.
- *Ce sexe qui n'en est pas un*, Paris, Ed. de Minuit, 1977, 217 p.
- *Ethique de la différence sexuelle*, Paris, Ed. de Minuit, 1984, 198 p.

Jeanson Francis, *Simone de Beauvoir ou l'entreprise de vivre*, Paris, Ed. du Seuil, 1966, 302 p.

Julienne-Caffie Serge, *Simone de Beauvoir*, Paris, Gallimard, 1966, 256 p.

Jung Carl-Gustav, *Les racines de la conscience*, Paris, Buchet-Chastel, 1971, 450 p.

- *Bewußtes und Unbewußtes. Beiträge zur Psychologie*, 1934-1953, Frankfurt a. Main, Fischer Taschenbuch Verlag, 1971, 169 p.
- *Psychologie de l'inconscient*, Genève, Georg & Cie, 1978, 222 p. (*Über die Psychologie des Unbewußten*, 1916)
- *Über Grundlagen der analytischen Psychologie*, 1935, Frankfurt a. Main, Fischer Taschenbuch 1975, 183 p.

Kruks Sonia, "Genre et subjectivité : Simone de Beauvoir et le féminisme contemporain", *Nouvelles questions féministes*, 1993, vol.14, n° 1, p.3-21.

Lacan Jacques, *Ecrits*, I et II, Ed. du Seuil, 1966, coll. Points, 289 p. et 245 p.
- *Le Séminaire*, Ed. du Seuil, 1973, coll. Points, livres II et XI, 384 p. 312 p.
Le Dœuff Michèle, *L'Etude et le rouet. Des femmes, de la philosophie*, Ed. du Seuil, 1989, 379 p.
- "Le chromosone du crime : à propos de XY", *Futur antérieur*, supplément "Féminismes au présent", 1993, p. 173-183.
- "Les Ambiguïtés d'un ralliement", *Magazine Littéraire*, n° 320, avril 1994, p. 58-64.
Lejeune Philippe, *Le Pacte autobiographique*, Ed. du `Seuil, 1975, 357 p.
Le Nouvel Observateur, "Simone de Beauvoir. Femmes, vous lui devez tout", 18-24 avril 1986.
Les Cahiers du Grif, "Le féminisme pour quoi faire?", n°1, 1973.
- "Les femmes et la politique", n°6, 1975.
- "Où en sont les féministes?", n°23/24, 1978.
- "D'amour et de raison", n°28, 1983.
Levinas Emmanuel, *Le Temps et l'autre*, 1948, Paris, P.U.F., 2ᵉ édition 1985, coll. Quadrige, 91 p.

- *Humanisme de l'autre homme*, Paris, Fata Morgana, 1972, 123 p.

Libis Jean, *Le Mythe de l'androgyne*, Paris, Berg International Editeurs, 1980, 280 p.

- "L'Androgyne et le nocturne", *Les Cahiers de l'hermétisme*, 1986, p. 12-21.

Lilar Suzanne, *Le Malentendu du Deuxième Sexe*, Paris, PUF, 1969, 306 p.

Lindhoff Lena, *Einführung in die feministische Literaturtheorie*, Stuttgart-Weimar, Verlag J.B. Metzler, Sammlung Metzler, 1995, 190 p.

Mabille Pierre, *Le Miroir du merveilleux*, Le Sagittaire, 1940, Paris, Ed. de Minuit, 1962, 225 p.

Millett Kate, *La Politique du mâle*, Paris, Stock, 1971, 464 p. (*Sexual Politics*, 1969)

Mitchell Juliet, *Psychanalyse et féminisme*, Paris, Des Femmes, 1975, tomes 1 et 2, 596 p, (*Psychoanalysis and Feminism*, 1974).

Mitscherlich Margarete, *Die Zukunft ist weiblich*, Zürich, Pendo-verlag, 1987, 110 p.

Moi Toril, *Simone de Beauvoir. Conflits d'une intellectuelle*, Diderot Editeur, 1995, 498 p. (*Simone de Beauvoir, The making of an intellectual woman*, 1994).

Morin Edgar, *Introduction à une politique de l'homme*, Paris, Ed. du Seuil, 1965, coll. Points politique, 1969, 125 p.

- *Amour, poésie, sagesse*, Paris, Ed. du Seuil, 1997, 91 p.

Moubachir Chantal, *Simone de Beauvoir ou le souci de différence*, Paris, Seghers, 1972, 190 p.

Ophir Anne, *Regards féminins. Condition féminine et création littéraire*, Paris, Denoël-Gonthier, coll. Femmes, 1976, 248 p.

Ovide, *Les Métamorphoses*, I^e siècle apr. J.-C., Paris, Flammarion, GF, 1966, 504 p.

Ozouf Mona, "La plume de ma tante", *Le Nouvel Observateur*, 22-28 février 1990.

- *Les Mots des femmes. Essai sur la singularité française*, Fayard, 1995, 397 p.

- "Simone amoureuse", *Le Nouvel Observateur*, 20-26 avril 1997.

Platon, *Le Banquet*, IVe siècle av. J.-C., Paris, Flammarion, GF, 1964, 192 p.

Rank Otto, *Don Juan et le double* (*Don Juan und der Doppelgänger*), Paris, Payot, coll. Petite bibliothèque Payot, 1968, 193 p.

Rétif Françoise, *Simone de Beauvoir et Ingeborg Bachmann : Tristan ou l'Androgyne?*, Berne, Ed. Peter Lang, 1989, 213 p.

- "Affleurement d'un mythe : Tristan chez Simone de Beauvoir et Ingeborg Bachmann", *Revue de Littérature Comparée*, 3/89, p. 357-367.

- "Simone de Beauvoir et l'Autre", *Les Temps Modernes*, n° 538, mai 1991, p. 76-85.

- "Le sourire de Narcisse. Séduction et narcissisme dans l'œuvre de Simone de Beauvoir", in : *Miti e linguaggi della seduzione*, études réunies par Maria Teresa Puleio, Catana, C.U.E.C.M., 1996, p. 593-608.

- "Le Miroir brisé", *Les Temps Modernes*, n° 592, février-mars 1997, p. 133-158.

Roman 20-50. Revue d'étude du roman du XXe siècle, "Simone de Beauvoir", n°13, juin 1992, 242 p.

Roudinesco Elisabeth, *La guerre de cent ans. Histoire de la psychanalyse en France*, Fayard, 1994, t. 2, 780 p.

Sarde Michèle, *Regards sur les Françaises*, Paris, Stock, 1983, 667 p.

Sartre Jean-Paul, *L'Etre et le Néant*, Paris, Gallimard, 1943, coll. Tel, 685 p.

- *L'Existentialisme est un humanisme*, Paris, Nagel, 1946, 141 p.

- *Critique de la raison dialectique*, Paris, Gallimard, 1960, 757 p.

Schor Naomi, "Cet essentialisme qui n'(en) est pas un", *Futur antérieur*, supplément "Féminismes au présent", 1993, p. 85-109.

Schwarzer Alice, *Simone de Beauvoir aujourd'hui, entretiens*, Paris, Mercure de France, 1984, 127 p. (*Simone de Beauvoir heute. Gespräche aus zehn Jahren*, 1983.)

- *Mit Leidenschaft*, Reinbek bei Hamburg, Rowohlt Taschenbuch Verlag, 1985, 330 p.

Tristan Anne et Pisan Annie de, *Histoires du M.L.F.*, préface de Simone de Beauvoir, Paris, Calmann-Lévy, 1977, 262 p.

Weigel Sigrid, *Topographien der Geschlechter,* Reinbek bei Hamburg, Rowohlt Taschenbuch Verlag, 1990, 283 p.

Zehl Christiane, *Simone de Beauvoir*, Reinbek bei Hamburg, Rowohlt Taschenbuch Verlag, 1983, 153 p.

Zéphir Jacques, J., "Le féminisme radical de Beauvoir", *Ecriture française dans le monde*, année 4, n°1, août 1982.

- *Le néo-féminisme de Simone de Beauvoir*, Paris, Denoël-Gonthier, 1982, 270 p.

- "Néo-féminisme et socialisme selon Beauvoir", *Contemporary french civilisation*, n°7, 1982-1983 p. 293-315.

Table des matières

Collection *Critiques Littéraires*
dirigée par Maguy Albet, Geneviève Clancy
Paule Plouvier et Emmanuelle Moysan

Dernières parutions

DANGER Pierre, *Emile Augier ou le théâtre de l'ambiguïté*, 1997.

MAILLIS Annie, *Michel Leiris, l'écrivain matador,* 1998.

TCHEUYAP Alexie, *Esthétique et folie l'oeuvre romanesque de Pius Ngandu Nkashama*, 1998.

BARRIENTOS TECUN Dante, *Amérique Centrale : étude de la poésie contemporaine*, 1998.

KAMAL-TRENSE Nadia, *Tahar Ben Jelloun. L'écrivain des villes,* 1998.

DE FREITAS Maria Teresa, LEROY Claude, *Brésil, L'utopialand de Blaise Cendrars,* 1998.

VIELWHAR André, *S'affranchir des contradictions,* 1998.

GILLI Yves, MONTACLAIR Florent, PETIT Sylvie, *Le Naufrage dans l'oeuvre de Jules Verne*, 1998.

LAVEILLE Jean-Louis, *Du Maghreb à la Chine. Le voyage dans les mille et une Nuit*, 1998.

GALVAN Jean-Pierre, *Les Mystères de Paris, Eugène Sue et ses lecteurs,* 1998.

CORBACHO Belinda, *Le monde féminin dans l'oeuvre narrative de Silvina Ocampo*, 1998.

VASSEVIÈRE Maryse, *Aragon romancier intertextuel ou les pas de l'étranger*, 1998.

BLOCH Béatrice, *Le roman contemporain*, 1998.

GAUDIN Françoise, *La fascination des images*, 1998.

HOFFENBERG Juliette, *L'enchanteur malgré lui. Poétique de Chateaubriand,* 1998.

GANDIN Eliane, *Le voyage dans le pacifique de Bougainville à Giraudoux,* 1998.

DANA Catherine, *Fictions pour mémoire*, 1998.

ZHANG Ning, *L'appropriation par la Chine du théâtre occidental : 1978-1989,* 1998.

COQUIO C., SALADO R., *Fiction & Connaissance*, 1998.

CHEVALIER Y., *En voilà du propre ! Jean Genet et* Les Bonnes, 1998.

MASCAROU Alain, *Les cahiers de l'éphémère 1967-1972*, 1998.

ISHIKAWA K., *Paris dans quatre textes narratifs du surréalisme*, 1998.

MOREL Georges, *Eclats de sens* (textes et fragments posthumes), 1998.

Achevé d'imprimer en novembre 1998
sur les presses de la Nouvelle Imprimerie Laballery
58500 Clamecy
Dépôt légal : novembre 1998
Numéro d'impression : 811048

Imprimé en France